Ellert & Richter Reiseführer

Föhr

Hans-Dieter Reinke

Inhalt

Zeichenerklärung zu den Radtouren und Wanderkarten

Hauptstraße
Nebenstraße
Wander-/Radwanderweg
Abstecher
Fährverbindung
Start

Wald/Forst	Marsch
Geest	Bebaute Fläche
Sehenswürdigkeit	Hafen/Ankerplatz
Aussichtspunkt	Megalith- oder Hügelgrab
Hallenbad	Golfplatz
Museum	Windkraftanlage
Parkplatz	Kirche
Touristinformation	Leuchtturm
Flugplatz	Windmühle

Dieser Reiseführer enthält zahlreiche Radtouren- und Wanderkarten. Um Ihnen die Orientierung zu erleichtern, haben wir in die Karten bestimmte Symbole eingefügt, die oben erläutert sind.

„Diese Landschaft hat gar nichts Äußerliches, Lautes ..."

Die Nordsee mit ihrem extremen Reizklima gilt in der Regel als etwas raue und herbe Ferienregion, weshalb empfindliche Personen und Familien mit Kindern gerne die erheblich milderen Gestade der Ostsee für einen Küstenurlaub aufsuchen. Föhr, die „grüne Insel", wie sie wegen ihrer ausgedehnten, saftig grünen Marschbereiche auch genannt wird, macht hierbei eine Ausnahme und bietet im Windschatten der Nachbarinseln Sylt und Amrum sowie der Halligen ein gemäßigtes Nordseeklima. Der scharfe Küstenwind aus dem Westen ist bereits etwas abgemildert und die Wellen rollen in der Regel nur flach an den Strand. Ideal für Kinder – und in der Tat gilt Föhr auch als eine besonders kinderfreundliche Insel mit einem reichhaltigen Angebot für die jüngsten Nordseebesucher.

Wenngleich Föhr mit 82 Quadratkilometern nach Sylt die zweitgrößte der Nordfriesischen Inseln ist, bleibt das Eiland mit der Stadt Wyk und 16 kleineren und größeren Dörfern recht übersichtlich. Am besten schwingt man sich aufs Fahrrad oder wandert, um die Insel zu entdecken. So kann man beim Erkunden der Landschaften der Geest und der Marsch sowie der Salzwiesen und Strände die stille Schönheit der wenig aufdringlichen Föhrer Natur wahrnehmen. Davon berichtete auch der Dichter Christian Morgenstern im Jahr 1905 in einem Brief von Föhr: „Diese Landschaft hat gar nichts Äußerliches, Lautes, sie spricht selbst fast nicht, sie singt höchstens leise an stillen sonnigen Abenden, wenn das Meer wie ein Spiegel grünblau mit dem Himmel zusammenzurinnen scheint ..." Für Ruhe und Erholung ist dieser Flecken also wie geschaffen, und abseits der quirligen und im Sommer stets gut besuchten Promenade des traditionsreichen Seebades Wyk kann man auf der Insel schnell ein beschauliches Plätzchen finden.

Neben der stillen Inselnatur bietet Föhr aber noch ein anderes Gesicht und überrascht den naturbegeisterten Besucher mit einer der großartigsten und dynamischsten Naturlandschaften Mitteleuropas, dem Wattenmeer. Auch hier gibt es viel zu entdecken: kleine Wattorganismen, duftende Salzpflanzen, interessante Brutvögel und den Individuenreichtum der durchziehenden Watvögel- und Gänseschwärme. Die Weite des Wattenmeeres begeistert jeden Besucher.

Die Inselerkundungen werden uns neben den Naturerlebnissen auch mit der Kultur und Geschichte der Insel bekannt machen. Wir kommen vorbei an bronzezeitlichen oder sogar steinzeitlichen Grabhügeln, an einem hoch über der Landschaft aufragenden Burgwall aus der Wikingerzeit und neuen und alten Windmühlen. Drei mittelalterliche Kirchen beherbergen reiche Kulturschätze, auf den Inselfriedhöfen erzählen die Grabsteine von vergangenen Zeiten. Die alten, reetgedeckten, bisweilen rosenumrankten Kapitänshäuser in Nieblum erinnern an die glorreiche Vergangenheit der Walfängerzeit und an die Handelsschifffahrt. Die friesische Tradition und Sprache werden auf Föhr und den anderen Geestinseln intensiv gepflegt und sind ein lebendiger Bestandteil des Insellebens.

Ob Sie im Strandkorb sitzend nur den Blick zu den fernen Halligen hinüber schweifen lassen wollen, einen Kur- oder Erholungsaufenthalt planen, Natur und Kultur der Insel und des Wattenmeeres erkunden oder auf den Spuren dänischer Könige und Märchendichter die Strandpromenade auf und ab flanieren und das Flair der früheren Seebadzeiten

Auf Föhr, wie hier in Nieblum, stehen noch einige der typischen „uthlandfriesischen" Häuser. Der schmale Flur führt quer durch das Friesenhaus und trennte es einst in einen Wohn- und in einen Wirtschaftsbereich, wo sich eine Kammer, eine Tenne und der Stall befanden.

Stilvolle Haustüren unterhalb des Giebels bilden den Eingangsbereich der häufig noch reetgedeckten Friesenhäuser, wie hier in Borgsum.

spüren möchten: Föhr wird Sie nicht enttäuschen. Seien Sie herzlich willkommen auf der grünen Insel, oder wie es auf Föhrer Friesisch heißt: „Hartelk welkimen üüb det green eilun!“

Das Dr.-Carl-Häberlin-Friesen-Museum in Wyk, dessen Gelände man durch alte, mächtige Walkieferknochen hindurch betritt, informiert ausführlich über die Kultur, die Geschichte und die Natur Föhrs.

Saaleeiszeit und Sturmfluten: zur Landschaftsentstehung und Geschichte

Schleswig-Holstein ist zum allergrößten Teil durch die Eiszeiten und die damit aus Skandinavien herantransportierten Stein-, Geröll- und Sandmassen entstanden. Die vorletzte Vereisung, das Saaleglazial (vor circa 200 000 bis 125 000 Jahren), hat durch Altmoränenablagerungen unter anderem die Geestkerne der Inseln Sylt, Amrum und Föhr gebildet, die heute auf der Insel Föhr beispielsweise rund zwei Fünftel der Inselfläche einnehmen. Die letzte Eiszeit, das Weichselglazial (vor circa 80 000 bis 15 000 Jahren), hat nur noch etwa die Mittellinie Schleswig-Holsteins erreicht und vor allem die Jungmoränen- und Fördenlandschaft des Östlichen Hügellands und der Ostseeküste geschaffen.
Auf dem Höhepunkt der letzten Vereisung lag die Nordsee etwa 100 Meter tiefer als heute, sodass man theoretisch trockenen Fußes nach England hätte hinübergehen können. Mit dem Abschmelzen des Eises begann der Meeresspiegel allmählich wieder zu steigen. Dadurch wurde das Material saaleeiszeitlicher Geestkerne, die zum Teil noch einige Kilometer westlich der heutigen Geestbereiche von Sylt und Amrum lagen, abgetragen und als Sinkstoffe im Bereich der Halligen, Inseln und Marschen abgelagert. Gegen die damalige Ausdehnung des Festlands ist die heutige nordfriesische Insel- und Halligwelt nur ein kärglicher Rest. Weite Marschen, Sümpfe, Moore und Bruchwälder bedeckten das Gebiet. Bereits während der mittleren Steinzeit, aber vor allem während der Jungsteinzeit und der nachfolgenden Bronzezeit, war dieses Gebiet weithin besiedelt. Auf Amrum und Föhr fand man zahlreiche jungsteinzeitliche Mega-

lithgräber (Hünengräber) sowie bronzezeitliche Grabhügel.
Aus der nachfolgenden Eisenzeit stammen Funde von Urnenfeldern, aber auch Reste eines Küchenabfallhaufens bei Großdunsum, des sogenannten „Kökkenmödding", in dem neben Tierknochen und Scherben auch viele Muschelschalen gefunden wurden. Ein Teil der Funde kann im Friesen-Museum in Wyk besichtigt werden.
Zunehmende Überflutungen und eine Klimaverschlechterung führten im Zuge der großen Germanenwanderungen auch zu Abwanderungen aus den Küstenregionen – sowie auch aus vielen anderen Regionen Schleswig-Holsteins. Ab dem 8./9. Jahrhundert, mit Beginn der Wikingerzeit, siedelten sich Friesen aus dem Gebiet der Rheinmündung in den nordfriesischen Küstenregionen an. Ebenso fielen aus dem Norden immer wieder Wikinger in das Gebiet ein. Die Lembecksburg bei Borgsum stammt aus dieser Zeit. Sie war von den Wikingern angelegt worden und diente später den einheimischen Friesen als Fluchtburg vor deren Raubzügen.
Die erste urkundliche Erwähnung Amrums und Föhrs – damals bereits als getrennte Inseln – stammt aus dem Jahr 1231 im Erdbuch des dänischen Königs Waldemar II. Die Bevölkerung lebte zu jener Zeit vor allem von der Salzsiederei, bei der aus der salzhaltigen Seetorfasche durch Verdampfung das kostbare „weiße Gold" gewonnen wurde. Salz gehörte zusammen mit dem Bernstein zu den wichtigsten Handelsgütern des Nordens. Allerdings bedingte der intensive Torfabbau der Friesen auch eine Absenkung des Landes. Immer wieder führten Überflutungen zu Landverlusten und zu Niederlagen des Menschen im Kampf mit dem Meer. Das verheerendste Ereignis, das die gesamte Landschaft Nordfrieslands nochmals grundlegend veränderte, war die Marcellusflut im Januar 1362, die auch als die „Grote Manndränke"

bezeichnet wird. Weite Marschflächen und ganze Siedlungen, wie die sagenumwobene reiche Handelsstadt Rungholt, wurden von der Sturmflut vernichtet und über 100 000 Menschen sollen an der Nordseeküste und auf den Inseln umgekommen sein. Die Geestinseln erhielten damals, von einigen kleineren Küstenabbrüchen und Eindeichungen abgesehen, im Wesentlichen ihr heutiges Landschaftsbild. Die nächste große Sturmflut vom Oktober 1634, die Burchardiflut, vernichtete zwei Drittel der großen Insel Strand, von der nur Pellworm, Nordstrand und die Hallig Nordstrandischmoor übrig blieben. Bei diesen und anderen Fluten waren auch die Halligen immer wieder stark betroffen, was auf Föhr, vor allem in Nieblum und Wyk, zu Ansiedlungen der geflohenen Halligbewohner führte. Für Föhr war die Flut von 1825 besonders folgenreich: Sie überflutete die gesamte Marsch und brachte sogar die Geest an einigen Stellen in Bedrängnis.

Eine Zweiteilung Föhrs in die Westerharde (der Westteil der Insel bis Nieblum und die Insel Amrum) und die Osterharde (die Dörfer der östlichen Geest und die Marsch im Osten der Insel) findet man bereits in frühen Erwähnungen. Während in ganz Schleswig-Holstein der Machtkampf zwischen dänischen Königen und Schleswiger Herzögen den Lauf der Landesgeschichte bestimmte, wurde auch Föhr von unterschiedlichen Herrschern regiert. Der Westteil mit Amrum gehörte zum Königreich Dänemark, der Ostteil zum Herzogtum Schleswig. Diese Zweiteilung in „Königsfriesen" und „Herzogsfriesen" hatte auf Föhr Bestand, bis im Zuge der deutsch-dänischen Auseinandersetzungen Schleswig-Holstein 1864 bzw. 1866 zu Preußen kam.

Im 17. Jahrhundert begann für die Bewohner Föhrs, die vorher von der Salzsiederei, Landwirtschaft und vom Fischfang gelebt hatten, das „goldene Zeitalter" des Walfangs, das einigen Wohlstand auf die Inseln und Halligen bringen sollte. Als tüchtige Seeleute wurden viele Föhringer zu Kommandeuren auf holländischen Walfangschiffen. Es darf aber nicht vergessen werden, dass der Walfang und die spätere Handelsschifffahrt nicht ungefährlich waren. Krankheiten, unwirtliches Klima und Schiffsuntergänge bedrohten die Seefahrer, viele Männer kamen ums Leben. So ist es zu erklären, dass zu dieser recht wohlhabenden Zeit der Anteil an Witwen und Waisen auf den Inseln besonders hoch war.

Die bereits 1850 einsetzenden Auswanderungen nach Amerika und Australien wurden zunächst durch die Goldfunde in Übersee ausgelöst. Weitere Emigrationswellen folgten, die auch politische und wirtschaftliche Ursachen hatten. Nachdem Schleswig-Holstein 1864 zum Deutschen Bund gekommen war, sollten auch die Inselfriesen zum preußischen Militärdienst herangezogen werden und zudem wurde die seemännische Laufbahn durch neue Prüfungen erschwert: So kam es zu erneuten Auswanderungswellen. Teilweise sollen bis zu 70 Prozent der konfirmierten Jungen und 30 Prozent der Mädchen ihr Glück in der Neuen Welt gesucht haben. Es ist daher nicht verwunderlich, dass heute beinahe alle Föhrer Familien Verwandte in Amerika haben.

Die beiden Weltkriege führten auf den strategisch nahezu unbedeutenden Inseln kaum zu Zerstörungen. Nach dem Zweiten Weltkrieg wurden auf Föhr, wie in ganz Schleswig-Holstein, zahlreiche Flüchtlinge aus den Ostgebieten einquartiert. Viele fanden hier eine neue Heimat.

Das älteste Seebad Nordfrieslands wurde 1819 in Wyk gegründet. Seither hat sich neben der Seefahrt und der Landwirtschaft mit dem Fremdenverkehr ein weiterer wichtiger Wirtschaftsfaktor auf den Inseln entwickelt.

Natur und Naturschutz auf Föhr

Der Schutz der Natur wird auf der „grünen Insel" großgeschrieben. Bereits seit 1988 versuchen die Föhringer im Rahmen eines „Integrierten Inselschutzkonzepts" wichtige Umwelt- und Naturschutzfragen anzugehen. Bei dem schon fast legendären „Föhrer Dosenschwur" haben sich 1991 die Einzelhändler der Insel darauf geeinigt, möglichst auf Einwegverpackungen, Plastiktüten und Getränkedosen zu verzichten und stattdessen Mehrwegalternativen anzubieten. Aber auch weitere Bemühungen zur Müllvermeidung und Mülltrennung wird man bei einem Inselbesuch vielerorts finden. Ein von der Stadt Wyk und dem Bund für Umwelt und Naturschutz Deutschland (BUND) angeschafftes Spülmobil sorgt auf Veranstaltungen und Märkten dafür, dass Abfallberge aus Plastikgeschirr und -besteck vermieden werden.
Die Abwässer der Insel und der Fähren werden nach dem neuesten Stand der Technik geklärt und im Energiebereich wird auf den Ausbau des Fernwärmenetzes, auf Energiesparmaßnahmen und die Windenergie gesetzt. Die Nutzung der Sonnenenergie ist nach dem Willen des BUND eine der nächsten großen Maßnahmen, die den Umweltschutz auf Föhr weiter voranbringen sollen.
Die Förderung des ökologischen Landbaus und die Direktvermarktung der auf der Insel erzeugten landwirtschaftlichen Produkte helfen, die Umweltbelastungen durch die Landwirtschaft und durch weite Transportwege zu vermindern.
Ein gut ausgebautes Rad- und Wanderwegenetz sowie regelmäßige Linienbusverbindungen ermöglichen eine umweltfreundliche Fortbewegung während des Urlaubs. Auf das eigene Auto kann so weitgehend verzichtet werden und jeder Besucher sollte über-

legen, ob er den Wagen nicht ganz auf dem Festland lässt oder gleich per Bahn anreist.
Umweltbildung und naturkundliche Informationen kommen auf Föhr ebenfalls nicht zu kurz. Die Wattwerkstatt der Schutzstation Wattenmeer in der Wyker Badestraße, das Informationszentrum „Nationalpark Schleswig-Holsteinisches Wattenmeer“ im Rathaus, die ornithologische Beobachtungsstation der Schutzstation Wattenmeer an den Salzwiesen des Oldsumer Vorlandes sowie ein ökologischer Lehrpfad zwischen Wyk und Nieblum informieren ausführlich über die Tier- und Pflanzenwelt, den Lebensraum Wattenmeer und den Naturschutz. Die Nationalparkverwaltung, die Schutzstation Wattenmeer, die Inselgruppe des BUND, aber auch kleinere Vereine und Einzelpersonen bieten ein umfangreiches Programm an naturkundlichen Führungen, Vogelbeobachtungen, Wattwanderungen, Kursen und Vorträgen für interessierte Besucher. Außer für den Naturschutz im Nationalpark Wattenmeer mit den dazugehörigen Salzwiesen setzen die Verbände sich beispielsweise auch für einen besseren Schutz der Toftumer Heide bei Süderende, der Godelniederung bei Witsum oder einzelner Feuchtgebiete in der Marsch ein.

Die Pflanzen- und Tierwelt

Neben der flachen, durch Ablagerungen entstandenen Inselmarsch, die vor der Eindeichung regelmäßig vom Meer überflutet wurde, und der hügeligen, eiszeitlich entstandenen Geest gibt es entlang den Küstenufern weitere Lebensräume. Sie beeindrucken durch ihre an die extremen Bedingungen besonders angepassten Organismenwelten. Die Dünenstreifen und der Meeresstrand beherbergen typische Pflanzenarten dieser Region: Salzmiere, Strandmelde, Meersenf sowie Strandroggen und Strandhafer. In den Salzwiesen, die wir zum Beispiel in der Godelniederung und in den

Vorländern im Norden der Insel antreffen und die immer wieder mit Salzwasser überflutet werden, wachsen angepasste Salzpflanzen (sogenannte Halophyten). In der oberen Salzwiese, die höher liegt und daher seltener überflutet wird, gedeihen Rotschwingelgras, der silbergraue, duftende Meerstrandbeifuß und die rosa blühende, langstielige Strandgrasnelke, die man bisweilen auch an Weg- und Straßenrändern findet. In der unteren Salzwiese wachsen neben Andelgras, Salzschuppenmiere, Portulak-Keilmelde, Strandwegerich und Milchkraut auch die auffallend hellblau oder lila mit gelben Röhrenblüten blühenden Strandastern und der Halligflieder mit seinen blauvioletten Blüten. Im Übergangsbereich von der Salzwiese zum freien Watt können nur noch der Queller und das aus England eingebürgerte Schlickgras existieren. Die Quellerwiese wird etwa 700 Mal im Jahr vom Meerwasser überflutet. Die Halophyten haben verschiedene Mechanismen entwickelt, um unter den hohen Salzkonzentrationen, an denen andere Pflanzen sofort eingehen würden, überleben zu können. Einige haben Salzdrüsen zur Salzausscheidung, andere werfen salzhaltige Blätter oder Blatthaare einfach ab oder speichern das Salz in ihrem Blattgewebe und verdünnen es dabei mit Wasser. Die salzspeichernden Pflanzen haben geringe Blattoberflächen ausgebildet, um möglichst wenig Wasser zu verdunsten, das heißt, sie sind sukkulent. Ein schönes Beispiel ist der Queller, der in seiner Wuchsform einem kleinen Kaktus ähnelt. Auch wenn einige der Salzpflanzen sehr schön blühen und duftende Blätter besitzen, sollte man sich damit begnügen, sie anzusehen oder zu fotografieren. Das Entnehmen von Pflanzen und Tieren aus Naturschutzgebieten und Nationalparks ist ohnehin streng verboten.

Eine ebenfalls an die besonderen Überflutungs-, Wind- und Salzverhältnisse der Küstenlebensräume angepasste Wirbellosenfauna aus Spinnen, Käfern,

Die rosa blühende Kartoffelrose findet man verbreitet in Gärten, aber auch in den Dünen der Nordfriesischen Inseln.

Die Strandaster blüht von Juli bis Oktober auf den Salzwiesen, die im Gegensatz zum periodisch überfluteten Watt nur noch unregelmäßig vom Meerwasser erreicht werden.

Zweiflüglern, Zikaden und zahlreichen anderen Gruppen kommt arten- und individuenreich im Übergangsbereich von Meer und Land vor.
Auch die Vogelwelt ist sehr interessant und wird jeden Besucher während der Brut- und Zugzeit durch ihre Vielfältigkeit und ihren Individuenreichtum beeindrucken. Am bekanntesten ist der schwarz-weiß gefärbte, rotschnäbelige Austernfischer, der vor allem durch sein schrilles „Kliep, kliep" auffällt. Die möwenverwandten Seeschwalben, anmutige Flieger, die man oft stoßtauchend über dem Wasser beobachten kann, sind mit drei Arten vertreten: Neben der Küsten- und Flussseeschwalbe brütet auch die seltene und besonders gefährdete Zwergseeschwalbe mit einigen Paaren auf Föhr. Die im Sommer leicht an ihrem dunkelbraunen Kopfgefieder erkennbare Lachmöwe ist mit Abstand die häufigste Möwenart der Insel, aber auch die größeren Silber-, Sturm- und Heringsmöwen gehören zur typischen Brutvogelwelt Föhrs. Der langbeinige Säbelschnäbler mit seinem nach oben gebogenen Schnabel, der rotbeinige, ebenfalls sehr ruffreudige Rotschenkel und der kleine Sandregenpfeifer, der sich gekonnt flügellahm stellen kann, um Störenfriede von seinem Gelege wegzulocken, brüten ebenfalls im Bereich der Föhrer Salzwiesen. Die in Erdhöhlen brütende Brandgans, aber auch Eiderente, Uferschnepfe, Kiebitz, Fasan, Rebhuhn und Kleinvögel wie Feldlerche, Wiesenpieper, Steinschmätzer und Grauammer sind in der Geest und Marsch der Insel anzutreffen.
Besonders beeindrucken die riesigen Rastbestände der durchziehenden Vogelmassen im Frühjahr und Herbst. Sie sind auf die Watten und Salzwiesen als Nahrungs- und Rastgebiete unbedingt angewiesen. Knutt, Alpenstrandläufer, Kiebitzregenpfeifer, Pfuhlschnepfe, Großer Brachvogel und Steinwälzer, aber auch Pfeifenten sowie Ringel- und Weißwangengänse sind nur einige der wichtigsten Vogelarten, die wäh-

Silbermöwen, die zum Beispiel in den Dünen der Amrumer Odde brüten, gehören zu den charakteristischen Vögeln der Wattenmeerküste.

rend der Zugzeit Föhr und die Watten bevölkern. Größeren Vogelansammlungen sollte man auf keinen Fall zu nahe kommen, da jedes störungsbedingte Auffliegen für die Vogelschwärme mit einem unnötigen Energieverlust verbunden ist. Ebenso ist auch die Beachtung ausgewiesener Brutgebiete und Ruhezonen, zum Beispiel der Salzwiesen der Nationalpark-Ruhezone I im Norden Föhrs, äußerst wichtig. Störungen der sehr empfindlichen Seevögel können leicht zur Aufgabe der Brut oder sogar zur Aufgabe traditioneller Brutplätze führen. Zudem sind Eier und Jungtiere der bodenbrütenden Seevögel außerordentlich gut getarnt und die Gefahr, Gelege zu zertreten, ist sehr groß.

Über die Lebenswelt des Wattenmeeres informiert man sich am besten auf einer naturkundlichen Wattwanderung. Mit der Unterwasserwelt des Meeres kann jeder Besucher in den Aquarien der Informationszentren oder auf einer der angebotenen Schiffstouren mit Seetierfang bekannt werden. Auf einer Ausflugsfahrt durchs Wattenmeer oder zu den Seehundbänken kann man auch die Meeressäuger in ihrem Lebensraum beobachten. Neben Seehunden kann man vielleicht auch einen Schweinswal oder die seltenen Kegelrobben, die bei Amrum ihr einziges Aufzuchtgebiet im deutschen Wattenmeer haben, beobachten. Nachdem die Seehundbestände sich nach dem großen Seehundsterben im Jahr 1988 wieder gut erholt hatten, erkrankten 2002 abermals Tiere an der Seehundstaupe, die allein im schleswig-holsteinischen Wattenmeer 3 000 Seehundleben forderte.

Wer die Schönheit und Vielfalt der Insel- und Wattenmeerlandschaft bei einem oder mehreren Besuchen erfahren hat, versteht die Schutzbemühungen um Natur und Umwelt, die Föhr in geradezu beispielhafter Weise vorführt. Ereignisse wie Seehundsterben, Ölverschmutzung, schwarze Flecken im Watt oder Überdüngung der Nordsee führen uns immer

Die Lachmöwe ist im Brutkleid leicht durch ihren schwarzbraunen Kopf von anderen häufig auf Föhr anzutreffenden Möwenarten zu unterscheiden (oben).

Der auffällige Austernfischer mit seinem roten Schnabel und seinem schwarz-weißen Federkleid ist einer der charakteristischen Vögel des Wattenmeeres (unten).

Seehunde auf einer Bootsfahrt durch das Wattenmeer zu entdecken gehört zu den besonderen Erlebnissen eines Nordseeurlaubs.

wieder die zahlreichen Gefahren für diesen einmaligen Lebensraum vor Augen. Es bleibt zu hoffen, dass die durchgeführten Umweltschutzmaßnahmen und die Bemühungen der Ämter, Naturschutzverbände und engagierter Einzelpersonen zum Schutz der Natur Erfolg haben, damit auch nachfolgende Generationen noch ein Bad in der Nordsee nehmen und durch die weite Wattenlandschaft wandern können – mit den Rufen der Austernfischer im Ohr und dem gewandten Flug der Seeschwalben im Blick.

Seebad und Hafenstadt Wyk

Das Nordseeheilbad Wyk ist der größte Ort und die einzige Stadt der Insel Föhr und zudem die größte Hafenstadt der Nordfriesischen Inseln. Trotz der zahlreichen Neubauten im Stadtbereich und des sommerlichen Gedrängels auf den Straßen und Wegen spürt man in den engen Gassen und auf der Promenade beim weiten Blick über Meer und Strand noch das Flair des traditionsreichen Erholungsorts, der seit 1819 Seebad ist.

Der Name der Stadt geht auf ihre Lage zurück: Wyk (oder auch Wik), heute noch im Plattdeutschen und Friesischen als Begriff gebräuchlich, bedeutet Bucht. Wyk ist ein vergleichsweise junger Ort, dessen Anfänge sich aus der Zeit um 1600 belegen lassen. Es war zunächst ein kleiner Vorort von Boldixum, wo eine der drei mittelalterlichen Kirchen Föhrs steht. Nach der großen Sturmflut von 1634 erlebte Wyk starken Zulauf von den geflohenen Halligbewohnern, 1638 wird es bereits als eigenständiger Ort in einem tondernschen Steuerverzeichnis aufgeführt. 1706 erhielt Wyk die Fleckengerechtigkeit und war damit verwaltungsmäßig von der Landschaft Osterland-Föhr losgelöst. Der im Jahr 1704 in Wyk erbaute Hafen förderte die Entwicklung der Stadt in besonderer Weise, wenngleich er bereits 1717 durch eine Flut zerstört wurde und auch der Nachfolgebau durch Versandungen bald nicht mehr nutzbar war. 1806 wurde ein dritter Hafen mit der noch heute bestehenden nordöstlichen Einfahrt errichtet und 1829 wurde eine Schiffswerft gegründet.

Die Napoleonischen Kriege und der damit verbundene Rückgang des Handels und der Seefahrt trafen den Hafenort Wyk schwer. Durch die Gründung des See-

bads 1819 erlebte Wyk wieder einen allmählichen Aufstieg. Sein berühmtester Gast wurde zwischen 1842 und 1847 der dänische König Christian VIII., der im Sommer stets einige Wochen mit seiner Gemahlin und einem Teil seines Hofstaats in Wyk residierte. Zu den Gästen des Königspaars gehörte unter anderem der bekannte Märchendichter Hans Christian Andersen. Doch diese glanzvolle Zeit, die auch als „Königszeit“ in der Geschichte des Seebads bezeichnet wird, ging bald zu Ende, wenngleich im Jahr 1860 der dänische König Frederick VII. mit seiner Gemahlin in Wyk weilte und später auch der preußische Adel das Seebad besuchte.
Zwei verheerende Brände in den Jahren 1857 und 1869 führten dazu, dass vom alten Wyk bis auf einige wenige Häuser nicht viel erhalten geblieben ist.
Um die Jahrhundertwende traten neben dem Badeaufenthalt auch der Kuraufenthalt und die Heilwirkung des Meeresklimas in den Vordergrund. Bereits 1883 gründete der Marburger Professor M. W. Beneke ein Kinderhospiz, das heutige Hamburger Kinderheim. Im Laufe der folgenden Jahrzehnte wurden noch weitere Kinderheime eingerichtet. Am bekanntesten sind die beiden schwäbischen Ärzte Dr. Karl Gmelin (1863–1941) und Dr. Carl Häberlin (1871–1954), nach denen in Wyk auch Straßen benannt worden sind. Gmelin, der 1898 nahe dem Südstrand das Nordsee-Sanatorium gründete, und Häberlin, der sich 1902 auf Föhr niederließ, propagierten zusammen mit anderen Ärzten die Heilwirkung des Meerwassers und der salzhaltigen Luft. Häberlin war darüber hinaus der Initiator der Bioklimatischen Forschungsstelle, die bis 1971 in Wyk bestand, und engagierte sich in der Heimatkunde und für die kulturellen Belange der Insel. Er war maßgeblich an der Gründung des seit 1908 bestehenden Friesen-Museums beteiligt, das heute seinen Namen trägt.

Die beiden Weltkriege und Weltwirtschaftskrisen brachten auch für Wyk schwere Zeiten, wenngleich es im Ersten Weltkrieg als einziges Bad an der Nordseeküste geöffnet blieb und im Zweiten Weltkrieg von Zerstörungen durch Bomben verschont wurde. In den Krisenzeiten wanderten viele Bewohner Föhrs in die USA aus. Nach 1945 ließen sich dann viele Flüchtlinge aus den Ostgebieten auf der Insel nieder.
Mit dem wirtschaftlichen Aufschwung der Nachkriegszeit ging es auch mit dem Kurbetrieb und dem Fremdenverkehr weiter aufwärts. Die steigenden Besucherzahlen ließen das Transportwesen zwischen Festland und Insel florieren, die 1885 gegründete Wyker Dampfschiffs-Reederei (W.D.R.), die nach dem Krieg fast an die Bundesbahn verkauft worden wäre, gehört heute zu den wichtigsten Arbeitgebern auf der Insel.
Seit 1950 ist Wyk anerkanntes Nordsee-Heilbad. Es präsentiert sich heute als kleinstädtisches Zentrum mit ganzjährigem Kurbetrieb. Die sportlichen Möglichkeiten wie Golf, Tennis, Surfen und Reiten, das Meerwasserwellenbad, kulturelle Veranstaltungen, die Märkte, das Einkaufsangebot und nicht zuletzt die große Zahl an kulinarischen Restaurants sowie die vielen Ausflugsmöglichkeiten per Schiff locken auch die Touristen und Kurgäste, die in anderen Orten der Insel abgestiegen sind, immer wieder nach Wyk.

Kleiner Stadtrundgang

Auf einer kleinen Kurzwanderung von knapp zwei Kilometern erkunden wir die Innenstadt. Wer noch etwas weiter wandern möchte, kann die Tour bis zum Südstrand ausdehnen und am Strand entlang zurückkehren (circa 4 km).
Wir starten am Hafen, wo ein Flutmarkenpfahl die Wasserstände früherer Sturmfluten anzeigt. Hier im

Hafenbecken haben die Fischerboote festgemacht, der Sportboothafen liegt weiter nördlich, und um die Ecke, vorbei am Reederei-Gebäude der Wyker Dampfschiffs-Reederei (W.D.R.), findet man neben dem Fähranleger auch die Alte Mole, wo die Schiffe zu den Ausflugsfahrten, zum Beispiel in die Halligwelt, ablegen. Jeden Sonntagvormittag wird am Hafen der vielbesuchte Fischmarkt abgehalten, auf dem man nicht nur frischen Fisch und Krabben, sondern auch Kinderspielzeug, Wolle und allerlei Souvenirs kaufen kann.
Wir beginnen unseren Weg Richtung Innenstadt, indem wir den Deichdurchlass (Stöpe genannt), der bei hohen Wasserständen geschlossen werden kann, zum Rathausmarkt durchschreiten.
Zur Linken liegt das Hafenamt, auf der anderen Seite des Platzes steht das Rathaus mit dem Amt Föhr-Amrum, wo sich im 2. Stock (Seiteneingang) das Nationalpark-Zentrum Föhr befindet. Hier kann man sich in einer Erlebnisausstellung auf 300 Quadratmetern Fläche über die Entstehung, Bedeutung und die Tier- und Pflanzenwelt des Wattenmeeres, über den Nationalpark, Umweltprobleme und Naturschutzmaßnahmen kundig machen. Auf dem Rathausplatz werden jeden Mittwoch- und Sonnabendvormittag auf dem Bauernmarkt frische Föhrer Produkte angeboten. Neben Spezialitäten vom Lamm, Föhrer Gemüse und Inselkäse kann man auch Produkte aus ökologischem Anbau erwerben.
Wir gehen die Königstraße weiter und biegen dann rechts in die Große Straße ein. Zur Linken steht ein 1857 erbautes Haus, das die Stadtbrände überdauert hat, und ein wenig weiter passieren wir ein Haus zur Rechten, in dem 1844 der Märchendichter Hans Christian Andersen (1805–1875) wohnte, als er auf Einladung des dänischen Königspaars auf Föhr weilte. Wir sollten auch einen Blick in die kleinen Seitenstraßen werfen, denn mitunter findet man dort

Wyk auf Föhr ist die größte Hafenstadt der Nordfriesischen Inseln. Hier ankern Fischer- und Sportboote und von hier starten Ausflugsschiffe zu den Halligen. Sonntagvormittags wird am Hafen ein Fischmarkt abgehalten.

Der Flutmarkenpfahl am Wyker Hafen zeigt die Wasserstände früherer Sturmfluten an. Die oberste Beschriftung kennzeichnet den Wasserstand der schweren Sturmflut vom 4. Februar 1825.

interessante Läden oder empfehlenswerte Restaurants. Wir erreichen das Wahrzeichen Wyks, den Glockenturm, dessen Grundstein 1886 gelegt wurde, nachdem der hölzerne Vorläuferbau ebenso wie der erste Glockenturm (1701) dem Sturm zum Opfer gefallen war. Er wurde ursprünglich gebaut, um bei Feuer und Sturmflut warnen zu können, außerdem sollten die Glocken den Kirchgängern den Messebeginn in der Boldixumer Kirche melden, da bei ungünstigen Windverhältnissen die Glocken dieser Kirche in Wyk nicht zu hören sind.
Wir biegen nun um den Glockenturm herum in die Mittelstraße ein und machen einen Abstecher in die erste Gasse linker Hand, in die Carl-Häberlin-Straße. Um die grüne Pumpe herum gruppieren sich einige der wenigen trotz der verheerenden Stadtbrände im 19. Jahrhundert erhalten gebliebenen alten Gebäude Wyks. Wir gehen die Mittelstraße mit ihren vielfältigen Einkaufsmöglichkeiten weiter Richtung Wasser hinab. Kurz vor dem Erreichen der Promenade biegen wir rechts in die Mühlenstraße ein. Bald schon sehen wir geradeaus die in Privatbesitz befindliche Mühle Venti Amica (Freundin des Windes), einen 1879 erbauten Galerieholländer. Hier lebte die Föhrer Heimatdichterin Stine Andresen (1849–1927) von 1879 bis 1896 mit ihrem Mann, einem Müller. Der kleine, 2005/2006 errichtete „Park an der Mühle“ des Vereins „föhrer impulse“ lädt mit seinen Pflanzungen, Weihern, Blumenbeeten, Bänken, Brunnen und musikalischem Hintergrund zum Verweilen ein. An der Feldstraße trennen sich die große und die kleine Stadtrundtour. Die kleine Runde führt links zur Promenade und auf dem Sandwall zurück zum Hafen; diesen Weg nehmen wir später auch als Rückweg der längeren Tour. Wer Wyk noch weiter erkunden möchte, geht nach rechts bis zur Badestraße. Kurz vorher geht ein kleiner baumbestandener Weg nach links ab, auf dem wir ein gutes Stück etwas abseits

Die Carl-Häberlin-Straße in Wyk erinnert an einen der bekanntesten Bürger der Stadt. Carl Häberlin (1871–1954) ließ sich als Arzt 1902 auf Föhr nieder und setzte sich außerdem für die Erhaltung der Inselkultur ein. Er war einer der Gründer des Friesen-Museums in Wyk.

Eines der baulichen Wahrzeichen der Stadt Wyk ist der steinerne Glockenturm, der 1886 errichtet wurde. Die Glocken warnten bei Gefahren wie Feuer und Sturmflut und meldeten den Gottesdienstbeginn in Boldixum.

der Badestraße wandern können. Gleich am Beginn liegt ein privates Vogelgehege, in dem auch einige Storchenpaare brüten. Die nächste Straße, der Rebbelstieg, führt uns rechts zum sehenswerten Friesen-Museum (siehe „Der besondere Tipp"), das einen Besuch lohnt. Wir gehen weiter parallel zur Badestraße und erreichen am Südstrand eine Wattwerkstatt mit Laborräumen, in denen nach Watt-Exkursionen mit der Schutzstation Wattenmeer die Funde mikroskopiert und untersucht werden können.
Wir spazieren dann auf der Promenade vor dem Deich entlang und erreichen kurz nach dem Leuchtturm und einem Minigolf-Platz das Kurmittelhaus und das AQUAFÖHR. Das Wyker Familienbad ist nicht nur ein Meerwasserwellenbad mit verschiedenen Schwimmbecken und einer 70 Meter langen Rutsche, sondern auch ein Gesundheits-, Thalasso- und Wellnesscenter. Auf dem Sandwall geht es nun weiter, von links stößt die Feldstraße wieder auf unseren Weg.
Auf dem Sandwall gibt es zahlreiche Cafés und Läden. Im Sommer herrscht hier meistens ausgesprochen geschäftiges Treiben, während es einige Meter abseits erheblich ruhiger zugeht: Dort grübeln Schachspieler in der Freianlage über komplizierten Spielstellungen, Urlauber und Einheimische sitzen auf Bänken, am Strand oder in ihren Strandkörben und genießen den weiten Blick aufs Meer.
Die weiß gestrichenen Badekarren, in denen die Strandkorbvermietung untergebracht ist, erinnern an die Anfangszeit des Badewesens auf der Insel. Früher wurden die Badenden in solchen Karren ins Wasser geschoben. Nach dem unbeobachteten Umkleiden konnten sie ebenso diskret im Meer baden, geschützt vor fremden Blicken. Nach dem Bad wurde ein Fähnchen hochgezogen, das Signal für den Strandwärter, den Karren mit seinen Pferden wieder aus dem Wasser zu ziehen.

Föhr bietet auf einer Länge von insgesamt 15 Kilometern feinsten gelbweißen Sand für Sonnenanbeter und Strandwanderer, wie hier in Wyk (oben).

Im Watt und am Strand gibt es vor allem für Kinder viel zu entdecken. Das Foto zeigt den weitläufigen Südstrand von Wyk (unten).

Auf dem Sandwall erreichen wir zur Rechten den Musikpavillon, in dem bei schönem Wetter im Sommer oftmals kleinere Musikveranstaltungen stattfinden. Gegenüber liegt das Veranstaltungszentrum mit dem Kurgartensaal, einem Leseraum, Kinderbetreuung und dem Freizeithelfer-Laden der Evangelischen Urlauberseelsorge, die ein breites Programm mit Basteln, Wanderungen, Mitmachtheater und Gute-Nacht-Geschichten für Kinder anbietet. Neben der Tourist-Information im W.D.R.-Servicegebäude am Fähranleger und im AQUAFÖHR finden wir hier am Sandwall 38 die dritte Besucher-Informationsstelle der Föhr Tourismus GmbH in Wyk. In dem Haus komponierte übrigens Johann Strauß (1825–1899) im Jahr 1879 seinen Walzer „Nordseebilder". Bevor wir auf dem Sandwall weitergehen, sollten wir noch einen Blick auf die Kräuterspirale werfen, die im Garten angelegt worden ist.
Zur Linken passieren wir nochmals die Carl-Häberlin-Straße und kommen rechts an dem Haus vorbei, in dem der Mediziner von 1904 bis 1954 wohnte und wirkte. Am Rathausplatz vorbei erreichen wir wieder den Hafen.

N
300 m
Boldixum
Fähr-
anleger
WYK
auf Föhr
Boldixumer-
Am Hafen
Hafen-
straße
Straße
Glockenturm
Süder-
str.
Rebbelstieg
Feld-
straße
Badestraße
Johannesstr.
Friesen-
museum
M
Friedrichstraße
Mühlenstraße
Rebbel-
stieg
Sand-
wall
Meerwasser-
Wellenbad
Ulhorn
weg
Stockmannsweg
Olhörn
Nationalpark
Schleswig-
Holsteinisches
Wattenmeer
Große Runde
Kleine Runde

Information

25938 Wyk:
Tourist-Informationen der Föhr Tourismus GmbH
W.D.R.-Servicegebäude:
Am Fähranleger
Veranstaltungszentrum:
Sandwall 38

AQUAFÖHR:
Stockmannsweg 1
Gemeinsame Service-Rufnummer:
☎ 0 46 81/3 00
E-Mail: urlaub@foehr.de
www.foehr.de

Nationalpark-Zentrum Föhr
Im Rathaus 2. Stock
Hafenstraße 23
☎ 0 46 81/42 90
www.npz-foehr.nationalparkservice.de
Öffnungszeiten: April bis Okt. So.–Fr. 10–17.30 Uhr; Nov. bis März Mi. und Sa. 14–17 Uhr

Wattwerkstatt der Schutzstation Wattenmeer
Badestraße 111
☎ 0 46 81/13 13

Restaurants

25938 Wyk:
Bi de Pump
Carl-Häberlin-Straße 3
☎ 0 46 81/89 99
Im Winter teilweise geschlossen. Speiselokal mit gutbürgerlicher Küche

Die 13
Carl-Häberlin-Straße 13
☎ 0 46 81/16 13
Neue Föhrer Küche und nordfriesische Spezialitäten

Alt-Wyk
Große Straße 4
☎ 0 46 81/32 12
Im Sommer Dienstag Ruhetag, im Winter Montag und Dienstag. Ständig wechselnde Karte, saisonale Gerichte (Bild unten)

Klatt's Gute Stuben
Mühlenstraße 6
☎ 0 56 81/6 52
Mittwoch Ruhetag. Fischspezialitäten in allen Variationen

Godewind
Feldstraße 12
☎ 0 46 81/55 52
Im Winter Mittwoch Ruhetag.
Reiches Angebot an Fisch- und Fleischgerichten, besonders Wild, auch Föhrer Spezialitäten

Friesenstube
Süderstraße 8
☎ 0 46 81/24 04
Montag Ruhetag.
Fischrestaurant mit reicher Auswahl (Bild unten)

Peking-Ente
Waldstraße 5
☎ 0 46 81/46 60
Für Freunde der chinesischen Küche

Alte Druckerei – die Weinstube
Mittelstraße 17/Hofgarten
☎ 0 46 81/74 86 00
Weinstube und Weinkontor mit gemütlichem Innenhof, umfängliches Kulturprogramm

Ristorante da Pietro
Schützenhof
Nieblumstieg 7
☎ 0 46 81/22 27
Sept. bis Juni Donnerstag Ruhetag.
Italienische Küche, auch Fisch- und Fleischgerichte

Störtebeker
Reidschott 2 (Wyk-Boldixum an der großen Kreuzung)
☎ 0 46 81/89 01
Montag Ruhetag.
Große Auswahl an vegetarischen und Vollkorngerichten, Weine aus biologischem Anbau

■ Cafés

25938 Wyk:
Coffee & Snack Latte Macchiato
Sandwall 34
☎ 0 46 81/74 84 74
Muffins, abends Bier und Wein

Die Insel
Sandwall 18
☎ 0 46 81/9 57
Außerhalb der Saison Mittwoch Ruhetag.
Promenadencafé mit Frühstück, kleinen Gerichten, Kuchen und Waffeln

No. Eins
Sandwall 1
☎ 0 46 81/74 63 50
Großes Frühstücksbüfett, Terrasse mit Blick auf den Strand

Café Südstrand
Badestraße 111
☎ 0 46 81/12 14
Im Winter Dienstag Ruhetag.
Selbst gebackener Kuchen, Waffelspezialitäten, mit Blick über den Südstrand und das Wattenmeer

Café Steigleder
Sandwall 28
☎ 0 46 81/44 11
Im Winter Mittwoch Ruhetag.
Spezialität: Friesentorte, aber auch andere Kuchen und Torten sowie hausgemachte Rote Grütze

Valentino
Sandwall 35
☎ 0 46 81/29 46
Spezialitäten: Brombeerbecher, warmer Mohn- und Apfelkuchen mit Vanilleeis

■ Hotels

25938 Wyk:
Duus mit Restaurant *Austernfischer*
Hafenstraße 40
☎ 0 46 81/5 98 10
Donnerstag Ruhetag.
Regionale Gerichte, nahe dem Hafen

fering hüs
Große Straße 40–42
☎ 0 46 81/5 97 00
Fax 59 70 37
Donnerstag Ruhetag.
Zentrales, aber ruhig gelegenes Hotel, Restaurant mit deutscher Küche

Kurhaus-Hotel
Sandwall 40
☎ 0 46 81/7 92
An der Strandpromenade gelegen, viele Zimmer mit Seeblick, Sauna, Solarium und Fitnessraum; im gleichen Haus befinden sich eine italienische Eisdiele und das Restaurant „Alte Stube“

Schloss am Meer
Badestraße 112
☎ 0 46 81/5 86 70
Familienhotel mit Sauna, Dampfbad und verschiedenen Beauty-Angeboten

■ Am Abend

25938 Wyk:
Erdbeerparadies (EP)
Ocke-Nerong-Straße 29
(Wyk-Boldixum)
☎ 0 46 81/74 84 75
Musik- und Kulturprogramm, besonders für junge Leute, kleiner Biergarten

Flaschen-Post
Königstraße 3
☎ 0 46 81/74 15 74
Erlebnis- und Tanzlokal, leckere Cocktails, reichhaltiges Musikprogramm

Glaube Liebe Hoffnung
Hafenstraße 28
☎ 0 46 81/58 04 40
Auch unter dem Namen „Tante Hertha“ bekannt, einer der ältesten gastronomischen Betriebe auf Föhr, originelle Kneipe mit zahlreichen Seefahrer-Mitbringseln aus aller Welt

Kleines Versteck
Mühlenstraße 21a
☎ 0 46 81/38 21
Donnerstag Ruhetag.
In dem 1899 als katholische Kirche erbauten Gebäude befindet sich seit 1976 das Bierlokal

Möwe
Große Straße 14
☎ 0 46 81/22 52
Im Winter, außer zwischen Weihnachten und Neujahr, geschlossen. Straßencafé und Abendlokal mit gemischtem Publikum, kleine Tanzfläche

Olympic
Koogskuhl 6 (Gewerbegebiet)
☎ 0 46 81/37 44
Mittwoch, Freitag, Samstag (im Winter nur Fr. und Sa.) geöffnet. Die einzige Disco Föhrs für die jüngere Generation

■ Märkte

Fischmarkt am Hafen
Der Klassiker der Föhrer Märkte, in den Sommermonaten jeden Sonntag 10–15 Uhr

Bauernmarkt auf dem Rathausplatz
In den Sommermonaten jeden Mittwoch und Sonnabend 9–12 Uhr

■ Baden

25938 Wyk:
AQUAFÖHR
Stockmannsweg 1
☎ 0 46 81/30 48
www.aquafoehr.de
Meerwasserwellenbad, Kuren, Sauna, Wellness, Fitness und vieles mehr

■ Tierschutz und Wildtiernotaufnahme

25938 Wyk:
Vogeltiergehege
Villa Friede
Feldstraße 11
☎ 0 46 81/5 92 00

Tierhuus Insel Föhr e. V.
Grönland 1b
☎ 0 46 81/74 87 89 und
0163/3 33 37 70
Wildtier- und Fundtier-Notaufnahme

Tierschutzverein Föhr e. V.
☎ 0 46 81/50 18 00

■ Fährverkehr und Ausflugsfahrten

25938 Wyk:
Wyker Dampfschiffs-Reederei (W.D.R.)
Am Fähranleger 1
☎ 0 18 05/08 01 40
(bundesweite Service-Nr.)
☎ 0 18 01/93 79 37
(inselweite Service-Nr.)
☎ 0 46 81/8 01 47
(Ausflugsfahrten)
E-Mail: info@faehre.de
www.faehre.de

Der Osten Föhrs bis Nieblum

Auf einer Karte, auf der die Grenze zwischen den höher liegenden Geestbereichen im Süden der Insel und der flachen grünen Marsch im Norden eingezeichnet ist, fällt auf, dass die Inseldörfer entlang dieser Grenze auf dem Geestrand angesiedelt sind. Die Bewohner von Boldixum, Wrixum, Oevenum, Midlum, Alkersum und auch Nieblum waren durch die erhöhte Lage auf der Geest einigermaßen sicher vor Sturmfluten, konnten aber andererseits auch schnell die Marsch und die dort liegenden Felder und Wiesen mit ihrem weidenden Vieh erreichen.

Nieblum, etwa auf halber Strecke zwischen der südöstlichen Küste bei Wyk und dem südwestlichen Inselende bei Utersum gelegen, gilt vielen Besuchern wegen seiner gemütlichen, reetgedeckten Friesenhäuser, hübschen, von Steinwällen umgebenen Gärten und schattigen Lindenalleen als schönstes Dorf der Insel und sogar der gesamten Westküste Deutschlands. Einen kleinen Spaziergang durch die Gassen des Orts sollte man nicht versäumen, wobei man den Blick auch auf Details wie die reich verzierten, verschiedenartigen Friesentüren der Häuser lenken sollte.

Nieblum ist – ebenso wie Wyk – eine vergleichsweise junge Gründung und hat besonders durch geflohene Halligbewohner nach den Sturmfluten im 18. und 19. Jahrhundert merklichen Bevölkerungszuwachs erfahren. Der Ortsname ist aus dem Begriff „Nei Bohl" (neues Kirchenland) entstanden.

Nieblum ist ein guter Ausgangspunkt für Wanderungen und Radtouren und der Strand ist nur einige Gehminuten vom Zentrum entfernt.

Hauptsehenswürdigkeiten des Ortes sind zweifelsohne die Kirche St. Johannis, aufgrund ihrer Größe auch als „Friesendom" bezeichnet, und der Friedhof.

Das über 1000 Kirchenbesuchern Platz bietende Gotteshaus gilt als eines der bedeutendsten sakralen Bauwerke Norddeutschlands. Der Backsteinbau stammt aus der ersten Hälfte des 13. Jahrhunderts und enthält noch Material eines Vorgängerbaus. Das älteste Stück der reichen Innenausstattung ist der Taufstein mit christlichen Ornamenten aus der Zeit um 1200, der wohl aus einem früheren Kirchenbau übernommen wurde. Der Schnitzaltar von 1487 zeigt unter anderem die zwölf Apostel, Johannes den Täufer, Christus und Papst Sylvester. Die fein geschnitzte Holzkanzel von 1618 aus der Flensburger Werkstatt Ringering zeigt Szenen aus dem Leben Christi. Neben einem für die Insel- und Halligkirchen typischen Segelschiff sind im Inneren der lichten Kirche auch zwei besonders schöne Beispiele der „redenden Grabsteine“ zu sehen. In St. Johannis finden neben Sommerkonzerten und Veranstaltungen des Schleswig-Holstein Musik Festivals auch Kirchen- und Orgelführungen statt. Auf dem Kirchhof lagert mit 265 historisch wertvollen Grabplatten und -steinen der größte Bestand an alten Grabmalen der nordfriesischen Inselfriedhöfe.

„Redende Steine“

Auf den Friedhöfen der drei alten Inselkirchen in Boldixum, Nieblum und Süderende findet man eine Vielzahl historischer Grabsteine, die aufgrund ihrer ausführlichen Darstellungen der Lebensgeschichten der Verstorbenen auch als „redende Steine“ bezeichnet werden. Ein Gang über die Inselfriedhöfe ist ein besonderes Erlebnis, bei dem man sich in die Schicksale von Menschen vergangener Jahrhunderte vertiefen kann.
Die aufrecht stehenden Grabsäulen (Stelen) aus Sandstein stammen vor allem aus dem 18. und

Die auch als „Friesendom" bezeichnete St.-Johannis-Kirche Nieblums besitzt über tausend Sitzplätze. Sie wurde in der ersten Hälfte des 13. Jahrhunderts an der Stelle eines Vorgängerbaus errichtet.

Die reich geschnitzte Emporenkanzel in der Nieblumer Kirche stammt aus der Spätrenaissance und wurde in der Flensburger Werkstatt Ringering gefertigt.

19. Jahrhundert, als durch den Walfang ein gewisser Wohlstand auf der Insel herrschte. Die Stelen lösten die vorher benutzten, schlichten Feldkopfsteine und die großen liegenden Platten aus Wesersandstein ab.
Neben einer bildhaften Darstellung und einem Leitspruch an der Oberseite des Grabsteins folgt meist in verdichteter Sprache der Lebenslauf des Verstorbenen mit Angaben über seinen Beruf und sein besonderes Schicksal. Am Ende wird in Abkürzungen um Gottes Segen gebeten. Die in den Bekrönungen der Grabsteine verwendeten Bilder haben ihren Ursprung in der Bibel, der Natur oder der Mythologie, weisen aber auch auf den Beruf des Verstorbenen hin: Das Schiff ist einerseits Berufssymbol für die vielen Kapitäne und Führer von Walfangschiffen, steht andererseits aber auch als christliches Sinnbild für das menschliche Leben (Ansteuern des „Hafens der himmlischen Vollendung"). Kreuz, Herz und Anker stehen für die christlichen Grundtugenden Glaube, Liebe, Hoffnung; Schmetterlinge dienen als Symbole für die unsterbliche Seele; Tauben, oft paarweise auf einem Anker sitzend, gelten als „Seelenvögel"; Blumen und Blumensträuße sind Familiensymbole, wobei die männlichen Familienmitglieder meist als Glockenblumen und Tulpen, die weiblichen als Sternblumen dargestellt sind. Geknickte Blüten stehen für bereits verstorbene Familienmitglieder.
Einige der wertvollsten und ältesten Steine stehen oftmals geschützt direkt an den Kirchenmauern oder sogar im Inneren der Kirche, wie zum Beispiel in Nieblum die des „weyland wohlachtbaren Westindischen Capitäns aus Nieblum" Dirck Cramers (geboren 1725 in Boldixum) und seiner Frau Eycke (geboren 1739 in Nieblum).

Auf allen Friedhöfen der drei alten Kirchen Föhrs findet man eine Vielzahl „redender Grabsteine", die in verdichteter Sprache über das Leben der Verstorbenen berichten. Die hier gezeigten Steine stehen auf dem Boldixumer Friedhof.

Der Stein Dirck Cramers berichtet von seiner Seefahrt seit dem 17. Lebensjahr, seiner Fernehe mit der tugendsamen Eycke, mit der er „7 Jahre in ruhe die zärtlichste Ehe“ führte, bis „er wagte es endlich hoffnungsvoll / d 6 Aug 1769 über das schwartze Meer des Todes zu schiffen, und siehe er kam glücklich hinüber und anckerte nach einer 44jährigen Lebens=Fahrt in den sicheren Hafen der seeligen Ewigkeit“. Der Stein Eyckes berichtet davon, dass sie sich nach dem Tode Dirck Cramers mit Harre Petersen verehelichte, bis sie im Alter von 36 Jahren, vier Monaten und drei Tagen „in den Armen ihres Erlösers entschlief“.

Nieblum bietet außerdem viele Einkaufs- und Freizeitmöglichkeiten, zahlreiche Gaststätten und Sportangebote wie Tennis, Surfen und Golf.
Das früher eigenständige Bauerndorf Goting gehört heute zu Nieblum. Von den zahlreichen Hinweisen auf eine frühe Besiedlung sind einige bronzezeitliche Grabhügel in der Umgebung übrig geblieben. Goting besitzt einen besonders schönen Strand und ist vor allem durch das geologisch interessante Goting-Kliff bekannt, von dem allerdings durch Sandaufhäufungen und -verwehungen nicht mehr viel zu sehen ist.
Am Geestrand nördlich von Nieblum liegen die Ortschaften Alkersum und Midlum. In Alkersum stand das älteste Haus der Insel, Haus Olesen von 1617, bevor Dr. Häberlin das damals baufällige und vom Abriss bedrohte Gebäude 1927 für das Friesen-Museum in Wyk erwerben konnte, wo es wieder aufgebaut wurde. Für pferdebegeisterte Urlauber ist Alkersum eine wichtige Adresse, wo sich verschiedene Reiterhöfe der Insel befinden. Midlum, das seinen Namen von der Lage „in der Mitte“ der Insel hat, war früher Sitz der Amtsverwaltung Föhr-Land, die 2007 mit der

Stadt Wyk und Amrum zum neuen Amt Föhr-Amrum zusammengelegt wurde. Sitz der neuen Amtsverwaltung wurde Wyk, mit einer Außenstelle in der Gemeinde Nebel auf Amrum. Midlum ist Ausgangspunkt für weite Wanderungen durch die Marsch bis zur Nordküste der Insel.
Das nur wenige hundert Meter entfernte Oevenum beherbergte bis zum Jahr 2000 die Insel-Meierei. Seit der Schließung wird die Milch der Föhrer Kühe zur Weiterverarbeitung auf das Festland transportiert. Der Name des Ortes soll aus „Heohanum" – das gehobene Hanum – entstanden sein. Hanum und Olum waren ehemals in der Marsch gelegene Orte, die durch die mittelalterlichen Sturmfluten so schwer in Mitleidenschaft gezogen wurden, dass sie höher auf die Geest versetzt worden sind. Oevenum ist besonders durch den während der Saison stattfindenden, vielbesuchten Bauernmarkt bekannt. Neben Punsch, Kunsthandwerk und selbstgemachter Marmelade gibt es hier auch ein vielfältiges Angebot an Mitbringseln.
Attraktion des Ortes ist das sehenswerte kleine Museum „Das Leben auf dem Lande", das auf eine private Initiative zurückgeht. Besonders empfehlenswert ist eine Führung durch die Ausstellung, bei der der Museumswart von so mancher Besonderheit und Kuriosität des Föhrer Landlebens zu berichten weiß.
Auf dem Weg Richtung Wyk erreichen wir zunächst das typische Straßendorf Wrixum, in dem noch eine der ehemals sehr zahlreichen Mühlen der Insel steht. Der 1851 erbaute Erdholländer, der bis 1960 in Betrieb war, befindet sich an der gleichen Stelle, an der es bereits seit dem 14. Jahrhundert eine Mühle gab. Vorher war hier eine Bockwindmühle, auch Deutsche Mühle genannt, der älteste, in Deutschland wohl seit dem 12. Jahrhundert betriebene Mühlentyp. Der erste namentlich erwähnte Müller, Pay Andresen, wurde 1660 beim Umsturz seiner Mühle während eines schweren Sturms getötet. Die zum großen Teil

erhaltene Inneneinrichtung des Erdholländers mit dem Stein-, Stirnrad-, Lojerie- und Kappenboden gibt Aufschluss über die frühere Nutzung der Windenergie zum Getreidemahlen. Der ehemalige Mehl- und Absackboden wird heute als Restaurant genutzt.
Der Ort Wrixum geht direkt in den Ort Boldixum über, der früher die kleine aber expandierende Siedlung Wyk als Vorort hatte; heute ist Boldixum eingemeindeter Stadtteil von Wyk. Im Ort steht eines der drei bedeutenden alten Gotteshäuser der Insel, die St.-Nicolai-Kirche aus der Mitte des 13. Jahrhunderts. Im Inneren des dreischiffigen Backsteinbaus sind besonders der Schnitzaltar von 1634, der pokalförmige Taufstein aus der Zeit der Kirchengründung, die Holzkanzel von 1630, die Orgel von 1735 sowie die gut 700 Jahre alte Statue des heiligen Nikolaus erwähnenswert. Ihm ist die Kirche geweiht und er ist nicht nur der Schutzpatron der Kinder, Kaufleute, Apotheker und Bäcker, sondern auch der Seeleute. Der Friedhof von Boldixum beherbergt eine ganze Reihe alter und interessanter Grabsteine. Hier liegt auch die Heimatdichterin Stine Andresen begraben. Ein wichtiges politisches Ereignis fand 1426 in St. Nicolai statt. Vertreter von sieben friesischen Harden (Verwaltungsbezirken) trafen sich hier, um eigene friesische Gesetze gegenüber der dänischen Herrschaft zu bekräftigen. Die sogenannte „Siebenhardenbeliebung“ gilt als älteste Rechtsaufzeichnung der Uthlandfriesen (Uthland ist das „Außenland“, das meint die Inseln und Halligen vor der Küste) und als ein frühes Dokument friesischer Freiheitsliebe.
Nördlich des Geestrands liegt die flache, weite Marsch des östlichen Föhrs, in der neben einigen Vogelkojen – alten Entenfanganlagen – und Einzelhöfen neuerdings auch Windparks mit modernen Windenergieanlagen zur Stromerzeugung stehen. Die von Gräben und Kanälen durchzogene Wiesen- und Weidelandschaft eignet sich besonders für Rad- und Wandertouren.

Im Inneren der Wrixumer Mühle kann man noch bestaunen, wie die Windmühlen in früheren Zeiten gearbeitet und funktioniert haben (oben).

Die Wrixumer Mühle ist ein 1851 erbauter Erdholländer. Das imposante technische Denkmal wurde bis 1960 in seiner ursprünglichen Funktion genutzt (unten).

■ Information

25938 Nieblum:
Gästeservice, Föhr Tourismus GmbH
Dörpshus, Poststraat 2
☎ 0 46 81/25 59 und 0 46 81/3 00 (inselweite Service-Nr.)
www.foehr.de

■ Hotels

25938 Nieblum:
Landhotel Villa Witt
Alkersumstieg 4
☎ 0 46 81/5 87 70
Im Winter Montag und Dienstag Ruhetag.
Traditionsreiches Hotel, Restaurantgarten, Bistrorant der gehobenen Klasse, mit Vinothek

25938 Oevenum:
Landhaus Laura
Buurnstrat 49
☎ 0 46 81/5 97 90
Dienstag Ruhetag.
Mit gemütlichem Innenhof, regionale Inselküche

■ Wassersport

25938 Nieblum:
Nieblumer Wassersport Center
Dirk Hückstädt
Jens-Jacob-Eschel-Straße 27
☎ 0 46 81/35 66 und 47 66 (Strand); Fax 0 46 81/5 08 52

■ Dorfmarkt Oevenum

In den Sommermonaten Donnerstag 10–12.30 Uhr

■ Museen

25938 Alkersum:
Museum „Kunst der Westküste"
Hauptstraße 1
☎ 0 46 81/7 47 40 0
www.mkdw.de
Öffnungszeiten: März bis Sept. Di.–So. 10–17, Do. 10–20 Uhr; Okt. bis 14. Jan. Di.–So. 12–17 Uhr, 15. Jan. bis Feb. geschlossen. Gemäldesammlung des Vorstandsvorsitzenden des Pharmakonzerns Ferring. Malerei der kontinentalen Nordseeküste in der Zeit von 1830 bis 1930

25938 Oevenum:
Landwirtschaftliches Museum „Das Leben auf dem Lande"
Buurnstrat 48
☎ 0 46 81/26 73
Öffnungszeiten: Di.–So. 14–17 Uhr und nach Vereinbarung

■ Stiftung

25938 Alkersum:
Ferring-Stiftung
Hauptstraße 7
☎ 0 46 81/7 47 40 39

■ Kirchen

25938 Boldixum:
Ev. Kirche St. Nicolai
Kirchen- und Orgelführungen
☎ 0 46 81/44 64

25938 Nieblum:
Ev. Kirche St. Johannis
Kirchen- und Orgelführungen
☎ 0 46 81/44 61

■ Restaurants

25938 Alkersum:
Grethjens Gasthof
Hauptstraße 1
☎ 0 46 81/7 41 05 10
Montag Ruhetag.
Integrierter Restaurationsbetrieb im Museum „Kunst der Westküste"; Gebäude wurde nach Plänen des Museumsarchitekten Gregor Sunder-Plassmann im Stil eines skandinavischen Herrenhauses errichtet

25938 Nieblum:
La Gondola
Jens-Jacob-Eschel-Straße 26
☎ 0 46 81/10 66
Außerhalb der Saison Dienstag und Mittwoch Ruhetag.
Pizza und andere italienische Spezialitäten

Lohdeel
Heidweg 2
☎ 0 46 81/58 00 61
Besonders Fischgerichte, Nieblumer Matjes Teller, Föhrer Fischplatte und vieles mehr

Zum Schlachter und *Zum Wikinger*
Kertelheinallee 1
☎ 0 46 81/58 02 08
Im Winter Donnerstag Ruhetag.
Gutbürgerliche Küche, Auswahl an Steak-Gerichten

25938 Wrixum:
Die Mühle
Hardesweg 54
☎ 0 46 81/87 17 und 55 62
Fisch-, Lamm- und Grillspezialitäten, Spanferkel und Spießbraten, in der Wrixumer Mühle

■ Cafés

25938 Goting:
Kliff Café
Klafwai
☎ 0 46 81/36 60
Eisspezialitäten, Kuchen aus eigener Herstellung, Sommerterrasse mit Meerblick, Minigolf

25938 Nieblum:
Café Cappuccino
Jens-Jacob-Eschel-Straße 20
☎ 0 46 81/55 99
Selbst gemachtes Eis, selbst gemachte Waffeln

Café Kohstall
Jens-Jacob-Eschel-Straße 12
☎ 0 46 81/57 03 58
Friesentorte, abends manchmal Lamm und Spanferkel satt

Café Nieblum
Bi de Süd 38
☎ 0 46 81/7 47 19 40
Reiche Teeauswahl, frische Waffeln, selbst gemachtes Eis, große Terrasse

Föhrer Kerzenscheune und Teestube
Poststraat 7
☎ 0 46 81/58 01 43
Hausgemachte Torten, Föhrer Tee- und Kaffeespezialitäten, Ausstellungen, Bauerngarten, Kerzen selber ziehen

Östliche Geestrunde:

Wyk – Wrixum – Oevenum – Midlum – Alkersum – Nieblum – Wyk
Entfernung: circa 17 km; Dauer: knapp 2 Stunden

Die Tour über die östlichen Inseldörfer bis Nieblum kann natürlich auch beliebig über die Marsch und den Westen Föhrs ausgedehnt werden.
Wir starten beim Flutmarkenpfahl am Wyker Hafen und fahren zunächst am Deich die Hauptstraße entlang bis zur Ampel, dann auf dem Radweg links von der Straße bis Boldixum. Hier überqueren wir die Hauptstraße und radeln dann am Rand der Marsch, an den Orten Boldixum und Wrixum vorbei, nach Oevenum.
In Oevenum führt der Radweg auf die Buurnstrat, auf der wir entlangfahren, bis es am Ortsrand kurz nach dem Passieren der Friedenseiche rechts in die Marsch abgeht. Hier liegt das sehenswerte landwirtschaftliche Museum „Das Leben auf dem Lande".
In der Marsch biegen wir bei der ersten Abzweigung links ab (ein Schotterweg), halten uns dann links, überqueren den Kanal und halten uns wieder rechts. Wir umfahren den Ort Midlum, wo Einkehrmöglichkeiten und das Atelier des Föhrer Malers Dax zu finden sind. In Alkersum, wo Kultur- und Kunstinteressierte der Ferring-Stiftung und dem neuen Museum „Kunst der Westküste" einen Besuch abstatten sollten, erreichen wir die Hauptstraße, die wir überqueren. Auf dem Marschweg fahren wir im Bogen am Ortsrand entlang. Nach einem Linksknick überqueren wir die Straße Alkersum–Nieblum und biegen am Ende des Wegs rechts Richtung Nieblum ab, dessen Kirche man in der Ferne bereits erkennen kann. Wir tangieren den Ort zwar nur, aber ein Abstecher ins Zentrum Nieblums ist unbedingt zu empfehlen.
Wir halten uns beim Erreichen Nieblums gleich links und überqueren die Hauptstraße nach Wyk (ein Stück weiter links beginnt der Wanderweg Nieblum–Wyk;

Eine wahre Schönheit ist die Kirche St. Nicolai in Boldixum, heute ein Ortsteil von Wyk, die bereits im 13. Jahrhundert erbaut wurde.

ebenfalls eine schöne Rückkehrmöglichkeit) und fahren in die Straße Bi de Süd hinein, bis links der Babendörpstieg abzweigt. Diesen durchfahren wir und halten uns am Ende links. Nun befinden wir uns auf einer etwas stärker befahrenen Straße, leider ohne Radweg. Hier kann man einen kleinen Abstecher zum Strand machen. Der markierte Radweg (Stern-Symbol) biegt rechts ab, führt ein Stück am Asphaltdeich entlang und wieder zurück auf unsere Hauptstrecke. Ansonsten halten wir uns immer geradeaus, vorbei an den „Föhrer Antiquitäten", dem Golf- und dem kleinen Flugplatz der Insel. In Wyk macht die Straße einen scharfen Linksknick, nach dem wir rechts in die Straße Am Golfplatz einbiegen, von der es später ebenfalls nach rechts in die Gmelinstraße abgeht. Auf dieser fahren wir bis zum Südstrand. Hier biegen wir in die Badestraße ab, die wir ganz durchfahren, bis wir am Ende über die Hafenstraße wieder den Hafen erreichen.

■ Restaurants

25938 Midlum:
Midlumer Kroog
Dörpstraat 50
☎ 0 46 81/27 64
Gutbürgerliche Küche, Fischspezialitäten

25938 Nieblum:
Altes Landhaus
Bi de Süd 22
☎ 0 46 81/25 72
Verschiedene vegetarische Gerichte, umfangreiche Auswahl, z. B. mit kleinem Mittagessen, für Kinder und Senioren

■ Hotel

25938 Wrixum:
Arfsten
Ohl Dörp 64
☎ 0 46 81/23 31
Große Zimmer, original Friesenpesel, Trauungsort von Wrixum, Fahrradverleih

■ Museum

25938 Alkersum:
Museum „Kunst der Westküste"
Hauptstraße 1
☎ 0 46 81/7 47 40 0
www.mkdw.de
Öffnungszeiten: März bis Sept. Di.–So. 10–17, Do. 10–20 Uhr; Okt. bis 14. Jan. Di.–So. 12–17 Uhr; 15. Jan. bis Feb. geschlossen

■ Stiftung

25938 Alkersum:
Ferring-Stiftung
Hauptstraße 7
☎ 0 46 81/7 47 40 39

■ Antiquitäten

25938 Nieblum:
Föhrer Antiquitäten
Grevelingstieg 10
☎ 0 46 81/82 80
Alte Kamin- und Ofenplatten, Fliesen, Porzellan, Möbel, Schiffsbilder und anderer bäuerlicher Hausrat aus alten Friesen- und Bauernhäusern

■ Maler

25938 Midlum:
Atelier Dax
Dörpstraat 53
☎ 0 46 81/9 46
Täglich 14–17 Uhr und nach Vereinbarung
Ständige Ausstellung des Föhrer Malers Dax, regelmäßige Literaturlesungen

Boldixumer Vogelkoje
Nationalpark
Schleswig-
Holsteinisches
Wattenmeer
Fähranleger
N
1,5 km
Boldixum
Wrixum
Oevenum
Der Kanal
Midlum
Alkersum
St. Nicolai
WYK
auf Föhr
Südstrand
Greveling
Bretland
Nieblum
St. Johannis
Haus des Gastes

Föhr Mitte:

Nieblum – Alkersum – Midlum – Oldsum – Borgsum – Goting – Nieblum
Entfernung: circa 23 km; Dauer: gut 2 Stunden

Wir starten in Nieblum an der Kirche und fahren zunächst westlich am Friedhof vorbei Richtung Norden. Hier, im Übergangsbereich von der Geest zur Marsch, durchziehen noch zahlreiche Gehölzstreifen die Landschaft, die aber, je weiter man in die Marsch vordringt, von Wiesen und Weiden zurückgedrängt werden. Nach einem Links- und einem Rechtsknick gelangen wir an eine Kreuzung bei einem kleinen verschilften Gewässer, wo wir nach rechts abbiegen und bald Alkersum erreichen. Am Wegrand fallen die großen Blätter der im Frühjahr blühenden Pestwurz auf. Der Name dieses Korbblütlers geht auf seine mittelalterliche Verwendung als Heilpflanze gegen die Pest zurück.
Am Ortsrand von Alkersum biegen wir nach links ab, überqueren die Hauptstraße und halten uns am Rand der Marsch Richtung Midlum. Dort folgen wir der dritten Abzweigung nach links in die Marsch. Der Weg ist auch als Radwanderweg (Dreieck-Symbol) ausgeschildert. Ein Abstecher nach Oevenum (knapp 2 km), entweder direkt oder als Schlenker durch die Marsch, ist möglich.
In der Marsch fahren wir über eine Brücke, halten uns, nachdem wir uns bei „Zur Rad'l-Rast" gestärkt haben, links und bei der zweiten Abbiegung wieder links. Bei der nächsten Möglichkeit geht es nach rechts und dann auf einer Brücke über die Westerflett. Wir halten uns geradeaus, von der etwas links versetzten Straßenführung geht es nach 200 bis 300 Metern links nach Oldsum hinein (Markierung Dreieck und Kreis). Zunächst aber kann man einen Abstecher zum Toftumer Vorland und zu den dortigen Salzwiesen im Nationalpark Wattenmeer machen.

Hierzu müssen wir noch ein Stück weiter geradeaus fahren und dann entweder die erste Straße nach rechts nehmen, die uns direkt zum Informationswagen der Schutzstation Wattenmeer führt (siehe auch Föhr-Rundwanderung), oder die zweite Straße rechts, die nach Überquerung des Grat Kanals zum Schöpfwerk Föhr-Mitte führt (circa 2 km einfache Fahrt bis zum Schöpfwerk).
Auf unserem Weg nach Oldsum hinein überqueren wir zunächst den Kanal, halten uns am Ortseingang gleich rechts und dann wieder links. Wir fahren geradeaus durch Oldsum, das mit den ehemals selbstständigen Dörfern Klintum und Toftum inzwischen zu einem Ort zusammengewachsen ist, und kommen direkt an der im Süden des Orts gelegenen Mühle vorbei. Der heutige Galerieholländer ist der Nachfolgebau der im Jahr 1900 durch einen Brand vernichteten Mühle und war bis Mitte der 1950er-Jahre in Betrieb. Anfang der 1970er-Jahre wurde die Mühle restauriert und wird heute als Wohnung genutzt.
Man sollte aber Oldsum nicht verlassen, ohne Stelly's Hüüs einen Besuch abgestattet zu haben. In einem reetgedeckten Friesenhaus von 1837 befindet sich ein kleines, von Rolf Stelly gegründetes Museum, in dem allerlei Kuriositäten, Raritäten, Sammlerstücke und naturkundliche Besonderheiten zusammengetragen worden sind. Eine besondere Attraktion für die jüngeren Museumsbesucher ist die Modelleisenbahn. Im selben Haus betreiben Stellys Töchter die Oldsumer Töpferstube mit Keramiken aus eigener Fertigung und ein Café mit einladender Sommerterrasse.
Auch Mary's Haus, wo der Maler und promovierte Chemiker Enzian Calvados residiert, ist einen Besuch wert, nicht nur für Kunstinteressierte und Leute, die das Gespräch suchen, sondern auch für Heilungsuchende. Der seit 1968 als freischaffender Maler tätige Künstler hat inzwischen auch wieder Zeit, sich einem Hobby zu widmen: der „Revolution der Me-

dizin", denn er beschäftigt sich mit ganzheitlicher Lebensführung und therapeutischer Ernährung.
An der Mühle vorbei überqueren wir die Hauptstraße und fahren ein kleines Stück auf einem Schotterweg. An der Asphaltstraße radeln wir nach links und gleich wieder nach rechts. Wir passieren die Toftumer Heide, ein kleines Wald- und Heidestück zur Linken, und biegen dann links ab. Das Heidegebiet ist eins der letzten von ehemals sehr viel ausgedehnteren Heideflächen auf der Insel. Geradeaus lohnt ein Abstecher zur St.-Laurentii-Kirche von Süderende, zu der ein interessanter Friedhof mit zahlreichen „redenden Steinen" gehört (siehe auch S. 40 ff.). Hier befinden sich auch eine Gedächtnisstätte für den Forscher und Heimatkundler Lorenz Braren (1886–1953) und ein Zeugnis der Vor- und Frühgeschichte der Insel: Monklembergen, ein kleiner Friedhof aus der Wikingerzeit (circa 900 n. Chr.), in dessen unmittelbarer Nähe später die Kirche von Süderende errichtet wurde.
Auf unserem weiteren Weg ist zur Linken bald der hoch über der Landschaft aufragende Ringwall der Lembecksburg aus der Wikingerzeit zu sehen. Unseren Weg setzen wir geradeaus fort bis zur nächsten Kreuzung. Rechts führen immer wieder Wege nach Borgsum hinein (siehe auch Radtour Föhr-West). An der Kreuzung fahren wir rechts und die nächste Straße wieder links, in den Uasterguarden hinein. Die Straße macht einen Rechtsknick und führt zur Hauptstraße, die wir überqueren und an der wir nach rechts ein Stück entlangradeln. Nach kurzer Zeit folgen wir einer Abzweigung nach links und kommen mit Blick auf die Borgsumer Mühle rechter Hand auf die „Traumstraße" von Goting nach Hedehusum. Diese fahren wir kurz nach links und biegen in die nächste Straße rechts ab. An einigen Hügelgräbern vorbei einem Linksknick folgend, kommen wir nach Goting, wo wir uns rechts halten und geradeaus Richtung Strand durchfahren. Am Strand halten wir uns links

und radeln mit Blick aufs Meer und die Halligwelt ein kurzes Stück parallel zum Strand. Dann biegt die Straße nach links und wieder nach rechts, und vorbei an kleinen Waldstücken und einzelnen Hügelgräbern kommen wir zu einem Deich, an dem wir rechts auf einem Schotterweg erneut Richtung Strand fahren, wo sich auch das Nieblumer Wassersport Center befindet.
Von hier führt der Weg nach links, dann geradeaus über den Deich und an einem Leuchtfeuer vorbei nach Nieblum hinein. In Nieblum kommen wir am Haus des Gastes und am Café Nieblum vorbei und umfahren so das kleine Parkgewässer. Wir kommen zur Hauptstraße des Orts, überqueren diese und gelangen wieder zur St.-Johannis-Kirche.

■ Restaurants und Cafés

25938 Midlum:
Zur Rad'l-Rast
Aussiedlungshof 11
☎ 0 46 81/27 55
Bayerische Biergarten-Atmosphäre, Spezialität: einmal in der Woche Lammgrillen mit Fleisch aus eigener Zucht

25938 Oldsum, Toftum:
Im Apfelgarten
Haus Nr. 86
☎ 0 46 83/8 98
Reiches Teeangebot, kleine Gerichte, auch Bilderausstellungen und Veranstaltungen

Ual fering Wiartshüs
Haus Nr. 141
☎ 0 46 83/4 65
Dienstag Ruhetag.
Vielseitige Karte, familienfreundlich

25938 Nieblum:
Café Nieblum
Bi de Süd 39
☎ 0 46 81/7 47 19 40
Reiche Teeauswahl, frische Waffeln, selbst gemachtes Eis, große Terrasse

Osterheide
Hotel und Café
Heidweg 18
☎ 0 46 81/28 95
Kuchen aus eigener Herstellung, mit großer Terrasse, im Sommer Dienstag und Donnerstag Grilltage

■ Museum

25938 Alkersum:
Museum „Kunst der Westküste"
Hauptstraße 1
☎ 0 46 81/7 47 40 0
www.mkdw.de
Öffnungszeiten: März bis Sept. Di.–So. 10–17, Do. 10–20 Uhr: Okt. bis 14. Jan. Di.–So. 12–17 Uhr; 15. Jan. bis Feb. geschlossen

25938 Oldsum:
Stelly's Hüüs
Museum, Café und Töpferei
Haus Nr. 38
☎ 0 46 83/3 06
Im Winter Montag und Dienstag Ruhetag, sonst täglich 14–18 Uhr. Unter dem Dach eines Friesenhauses von 1837 befinden sich ein kleines Museum mit zahlreichen Raritäten und Kuriositäten, eine Töpferstube, ein Teeladen und ein Café mit Terrasse

■ Maler

25938 Oldsum:
Enzian Calvados Mary's Haus
☎ und Fax 0 46 83/14 00
Geöffnet Mi. und Sa. 15–18 Uhr, nach Vereinbarung sowie wenn die Tür offen steht (außer Sonntag)

Schöpfwerk Föhr-Mitte
Grüner Infowagen
dsum
M
Süderende
Grat Kanal
Westerflett
Rad'l Rast
Toftumer Heide
Laurentius
Ringwall Lembecksburg
Midlum
M
Alkersum
Borgsum
Witsum
St. Johannis
Goting
Nieblum
Haus des Gastes
N
1,5 km
P
P
Bretland
Greveling

Von Wyk zur Boldixumer Vogelkoje

Entfernung kurze Strecke: gut 9 km; Dauer: gut 2 Stunden
Entfernung lange Strecke (Rückkehr über Oevenum): 14 km; Dauer: knapp 3,5 Stunden

Die Wanderung führt von Wyk aus zunächst immer am Deich entlang bis zur Boldixumer Vogelkoje, die einzige der Föhrer Vogelkojen, die besichtigt werden kann, und dann direkt durch die Marsch oder über Oevenum zurück. Wir starten am Hafen an dem runden Flutmarkenpfahl, der anzeigt, bis zu welcher Höhe das Wasser bei Fluten am Hafen stehen kann. Die höchste Flutmarke erreichte die Sturmflut vom 4. Februar 1825, gefolgt von den Fluten am 24. November 1981 und am 26. Januar 1990. Das im Sommer friedlich im Hafenbecken dümpelnde Nordseewasser kann im Winter bei Sturmfluten zu beängstigender Höhe aufsteigen. Daher ist der Innenstadtbereich durch einen Deich geschützt und die Deichdurchfahrt wasserdicht verschließbar. Am Hafen kann man sich mit frischem Fisch, mit Krabben oder Fischbrötchen eindecken, um sich damit später gemütlich auf dem Deich sitzend zu stärken.
Wir umwandern das Hafenbecken mit seinen Krabben- und Fischerbooten auf der westlichen Seite und kommen zum Deich, den wir erklimmen. Vorbei am Sportboothafen und mit Blick auf den Fähranleger erreichen wir bereits die erste Einkehrmöglichkeit, die Gaststätte „Klein Helgoland“. Binnendeichs liegen die Kläranlage und einige Windkrafträder. Bereits 15 Prozent des Stroms für die Inseln Amrum und Föhr werden aus Windenergieanlagen gewonnen, besonders durch den Windpark im Norden der Insel Föhr.
Wir wandern auf dem Deich entlang und genießen den Ausblick nach links in die Marsch mit ihren deichnahen kleinen Wasserflächen und endlosen

Weiden und aufs Wattenmeer und die Nordsee nach rechts. Für Vogelbeobachtungen ist dieser Spaziergang geradezu ideal. Auf den Watt- und Wasserflächen sind vor allem Eiderenten, Austernfischer und bei Ebbe auch andere Nahrung suchende Watvögel zu beobachten. Auf den Teichen, Gräben und Weiden des Binnenlands sieht man Brandgänse, Kiebitze, Rotschenkel, Uferschnepfen und verschiedene Entenarten.

Wir passieren das Lagelum-Siel, eine Deichschleuse, mit der das Abfließen des Wassers in die Nordsee reguliert werden kann, umwandern die nasenförmige Landspitze Näshörn und erreichen die gehölzumstandene Vogelkoje. Vom Deich kann man in nördlicher Richtung eine Bucht sehen, die dicht mit sogenannten Lahnungsreihen durchzogen ist, mit in den Schlick gerammten Pfahlreihen mit dichtem Reisiggeflecht dazwischen. Die Lahnungen erhöhen die Sedimentation (Ablagerung) und damit die Land- und schließlich die Salzwiesenbildung vor den Deichen.

Wir gehen die Deichrampe zur Vogelkoje hinab, die von April bis Oktober außer an Wochenenden jeden Vormittag geöffnet ist.

Für den Rückweg gibt es verschiedene Möglichkeiten: Der kürzeste Weg verläuft von der Vogelkoje geradeaus die Straße entlang, bis er links an den Windkraftanlagen zum Klärwerk und zum Deich am Hafen zurückführt. Wenn wir die längere Möglichkeit wählen, die eine etwas ruhigere Straße entlangführt, gehen wir von der Vogelkoje die erste Straße nach rechts und dann die nächste links und gelangen an den zur Orientierung gut geeigneten Windrädern zurück. Wer noch etwas mehr Zeit hat, kann noch ein Stück weiter durch die Marsch wandern und die Ruhe genießen, die nur durch das Gezwitscher der Feldlerchen unterbrochen wird. In diesem Fall gehen wir hinter der Vogelkoje ebenfalls die erste Straße nach rechts, biegen dann aber erst an der Kreuzung links

ab, wo zur Rechten kleinere Teiche und Gehölzgruppen auftauchen. So gelangen wir direkt nach Oevenum, wo wir uns gleich nach dem Ortsschild links halten. Einen Abstecher in das Dorf sollte man sich nicht nehmen lassen, denn in Oevenum stehen eine Reihe sehenswerter Friesenhäuser und der Ort ist vor allem wegen seines Bauernmarkts bekannt, der jeden Donnerstagvormittag stattfindet.
Eine besondere Attraktion ist das landwirtschaftliche Museum „Das Leben auf dem Lande“, das in der Nähe des von uns passierten Ortsschilds liegt. Die interessante Ausstellung der Familie Sönsken-Martens gibt Einblick in die Lebensumstände der Föhrer Bevölkerung in früheren Zeiten.
Direkt an der Marsch entlang führt unser Weg parallel zur Hauptstraße über Wrixum und Boldixum, wo wir die Hauptstraße überqueren, nach Wyk und zum Hafen zurück. Unterwegs lohnen Abstecher zur Wrixumer Mühle und zur St.-Nicolai-Kirche in Boldixum.

Vogelkojen

Vogelkojen sind gehölzumstandene Entenfanganlagen, bei denen von einem Teich bogenförmig in verschiedene Richtungen Wasserläufe führen (sogenannte „Pfeifen“), an deren Enden Reusen angebracht sind. Während des Herbstzugs wurden die Wildenten durch zahme Artgenossen auf die Teiche der Vogelkojen gelockt und dann vom Kojenwärter in die Pfeifen getrieben, gefangen und „geringelt“, das heißt, ihnen wurde der Hals umgedreht.
In den besten Jahren konnten früher auf Föhr durchaus 60 000 Enten während ihres Zugs gefangen werden. Damit waren der Entenfang und

Bis heute sind bei der Gestaltung der geschmackvollen Friesenhaustüren die beliebtesten Farben Blau, Blaugrün und Grün. Dieser Eingang führt in ein Friesenhaus in Oevenum.

die in Dosen eingemachten Föhrer Enten als Exportfaktor bedeutsam. Die Wyker Dosenfabrik wurde erst 1931 geschlossen.
Von den Nordfriesischen Inseln besitzt Föhr mit sechs Vogelkojen, die es hier seit 1730 nach holländischem Vorbild gibt, die meisten. Auf Föhr werden die Vogelkojen zum Teil noch zum Entenfang benutzt, während sie auf den anderen Inseln vor allem dem Naturschutz dienen.

■ Vogelkoje Boldixum

☎ 0 46 81/33 68
Öffnungszeiten: April bis Okt.
Mo.–Fr. 10–12 Uhr

■ Restaurants und Cafés

25938 Wyk:
Café Klein Helgoland
Am Wyker Yachthafen
Achtern Diek 14
☎ 0 46 81/7 47 16 73
Im Winter Dienstag Ruhetag.
Selbst gebackener Kuchen, kleinere Gerichte, mit begrüntem Dach und schönem Blick aufs Meer

25938 Wrixum:
Die Mühle
Hardesweg 54
☎ 0 46 81/87 17 und 55 62
Fisch-, Lamm- und Grillspezialitäten, Spanferkel und Spießbraten, in der Wrixumer Mühle

■ Hotel

25938 Oevenum:
Landhaus Laura
Buurnstrat 49
☎ 0 46 81/5 97 90
Dienstag Ruhetag.
Mit gemütlichem Innenhof, regionale Inselküche

Nationalpark Schleswig-Holsteinisches Wattenmeer
Oevenumer Alte Vogelkoje
Ackerumer Vogelkoje
Oevenumer Neue Vogelkoje
Boldixumer Vogelkoje
Näshörn
Midlum
Der Kanal
Oevenum
Große Runde
Kleine Runde
Wrixum
Lagelum Siel
Boldixum
St. Nicolai
Fähr-anleger
N
WYK auf Föhr
1000 m

Wyk – Nieblum – Wyk

Entfernung: 13 km; Dauer: 3,5 Stunden

Die Wanderung kann man auch in Nieblum beenden (Entfernung 6 km) und dann per Bus nach Wyk zurückkehren. Wir starten am Friesen-Museum, dem man vor oder nach der Tour einen Besuch abstatten sollte. Vom Museum aus gehen wir unter den Walkiefern durch und halten uns rechts, lassen zwei vom Rebbelstieg abgehende Straßen links liegen und erreichen den Wald- und Parkwanderweg, in den wir einbiegen. Vor dem Spielplatz biegen wir rechts ab, überqueren die Strandstraße und gehen ein kleines Stück in den Haidweg hinein, hier aber gleich wieder links einen baumbestandenen Wanderweg entlang, der an einem weiteren Kinderspielplatz vorbei auf den Lerchenweg führt. Wir halten uns rechts und erreichen den Lerchenhof, einen Reiterhof, auf dem Island-Ponys gehalten und Reitkurse, besonders für Kinder, angeboten werden.
Bald kreuzt eine größere Straße den Lerchenweg, die wir schräg rechts in den Lindenweg hinein überqueren. Nun haben wir den Wanderweg nach Nieblum erreicht, der 1992 als ökologischer Lehrpfad gestaltet wurde. Zahlreiche Schilder informieren über die Tier- und Pflanzenwelt am Wegesrand, zum Beispiel über verschiedene Bäume und Sträucher wie Hundsrose, Sanddorn und Holunder oder über Vogelarten wie Waldohreule, Habicht, Feldlerche, Rotschenkel und Austernfischer. Wir gehen geradeaus weiter und kommen am Flugplatz der Insel vorbei. Der Weg macht am Flugplatz einen Linksknick und führt dann am Golfplatz vorbei. Durch dessen Erweiterung auf 27 Bahnen führt der Wanderweg nun recht nahe an die vielbefahrene Hauptstraße (Rundföhrstraße) von Wyk nach Nieblum heran. Am Ende des Golfplatzes biegen wir links und kurz darauf rechts ab (nicht in Richtung Hübners Ferienhäuser gehen). In der Ferne ist bereits die Kirche von Nieblum zu sehen. Nach

einem kleinen Waldstückchen auf der linken Seite geht es nach links weiter und im Zickzack-Kurs bis zur Hauptstraße am Ortseingang von Nieblum.
Hier gehen wir zunächst links und gleich wieder links in die Straße Bi de Süd hinein. Auf dieser Straße wandern wir am Südrand des Orts entlang und erreichen das kleine Gewässer De Meere. Am Café Nieblum und am Haus des Gastes vorbei umrunden wir das Gewässer und gehen am Café Osterheide und einem Leuchtfeuer entlang geradeaus zum Strand. Wir nehmen den Übergang und gehen nun links und mit weitem Blick über das Wattenmeer und die Hallig- und Inselwelt Richtung Wyk zurück. Bei Niedrigwasser sind kleine Abstecher ins Watt möglich. Am Strand kann man schön geschliffene Steine und zahlreiche Gehäuse von Muscheln und Schnecken finden. Am häufigsten sind Herz- und Miesmuscheln, aber auch Baltische Tellmuscheln, Sandklaffmuscheln und Pfeffermuscheln sind typische Wattbewohner, deren Schalen hier angeschwemmt werden. Gehäuse von Wellhorn- und Strandschnecken und die nur wenige Millimeter großen Wattschnecken, die zu Zehntausenden auf einem Quadratmeter Watt vorkommen können, kann man hier entdecken. Im Spülsaum findet man Laichballen der Wellhornschnecke, Eikapseln von Rochen, Algen (besonders Blasentang), an Holzstücken festgemachte kleine Krebstiere, die Seepocken, bisweilen Seesterne, Tintenfisch-Schulpe oder sogar kleinere Stücke vom sogenannten „Gold des Meeres“, dem Bernstein.
Die Dünenbereiche dürfen aus Gründen des Natur- und Küstenschutzes nicht betreten werden. Zum Teil ist der Küstenabschnitt hier auch durch einen vorgelagerten Asphaltdeich geschützt. Bald erreichen wir die Strandpromenade von Wyk, gehen an einer Surfschule und dem runden Aufgang zum Nordseekurpark vorbei und kommen zum Südstrand. Hier gehen wir auf der Badestraße Richtung Stadtmitte, bis links der Rebbelstieg abbiegt, der uns wieder zum Friesen-Museum führt.

■ Restaurants und Cafés

25938 Nieblum:
Altes Landhaus
Restaurant
Bi de Süd 22
☎ 0 46 81/25 72
Verschiedene vegetarische Gerichte, umfangreiche Auswahl, z. B. mit kleinem Mittagessen, für Kinder und Senioren

Café Nieblum
Bi de Süd 39
☎ 0 46 81/7 47 19 40
Reiche Teeauswahl, frische Waffeln, selbst gemachtes Eis, große Terrasse

Osterheide
Hotel und Café
Heidweg 18
☎ 0 46 81/28 95
Kuchen aus eigener Herstellung, mit großer Sonnen- und Kaffeeterrasse, im Sommer Dienstag und Donnerstag Grilltage

Café am Wattenmeer
Am Strand
☎ 0 48 61/29 14
Café mit kleineren Gerichten direkt am Strand

Lagelum Siel
Fähr-anleger
WYK auf Föhr
N
1,5 km
Boldixum
Wrixum
Der Kanal
Oevenum
Midlum
Alkersum
Nieblum
St. Johannis
Haus des Gastes
Südstrand
Bretling
Greveling
Bretland
Nationalpark Schleswig-Holsteinisches Wattenmeer

Der Westen Föhrs von Utersum bis Borgsum und Oldsum

An der Südwestküste Föhrs liegt mit Utersum das – neben Wyk und Nieblum – dritte anerkannte Nordseebad der Insel, das wegen seiner abgeschiedenen Lage wohl auch das ruhigste ist – ideal für den erholungsuchenden Gast. In dem über 600 Jahre alten Dorf stehen neben einigen alten Friesenhäusern vor allem viele Neubauten. Zahlreiche Grabhügel aus der Bronzezeit und der jüngeren Steinzeit weisen auf die frühe Besiedlung dieser Gegend hin. Einige Funde aus den geöffneten Grabhügeln sind im Friesen-Museum in Wyk zu besichtigen.

Der Name Utersum bedeutet „Ort am äußeren Strand". Und in der Tat liegt Utersum an einem schönen, weißen Strand mit höher liegenden, kleinen Dünenbereichen und Kiefernwäldchen, die sich vom „Haus des Gastes" in Richtung Süden erstrecken. Neben dem „Haus des Gastes" mit einem Büro des Gästeservice Utersum, Aufenthaltsraum, Imbiss und Kiosk stehen im Ort auch ein kleines Kurmittelhaus und am Südrand die große, 1930 erbaute Rehabilitationsklinik der Bundesversicherungsanstalt für Angestellte. In Utersum gibt es das größte Angebot an Gaststätten und Einkaufsmöglichkeiten für den Westteil der Insel.

Im Ortsteil Hedehusum, in dessen Umgebung auch heute noch eine ganze Reihe bronzezeitlicher Grabhügel in der Landschaft auszumachen sind, kann man eine schöne Rad- und Wandertour durch die Niederung der Godel bis hin nach Goting und Nieblum beginnen. Dabei kommt man auch an dem Dorf Witsum vorbei, in dessen Nähe sich oberhalb der Godelniederung die „Salwert" genannte Anhöhe befindet,

die mit ihren beachtlichen 10,9 Metern eine der höchsten Erhebungen der Föhrer Geest darstellt. Der Name Witsum geht auf „wit" (weiß) zurück und bezieht sich auf die hier ausgesandeten Dünen. Die Endung „-um", eine altfriesische Silbe, die in fast allen Dorfnamen der Insel steckt, bedeutet „heim".
Nördlich von Utersum, wo der sich bis nach Wyk erstreckende Deich beginnt, der die gesamte Nordküste Föhrs und die dahinter liegende Marsch schützt, liegt der Ort Dunsum. In Großdunsum beginnen die geführten Wattwanderungen zur Nachbarinsel Amrum. Der Ort ist auch für die schönen Sonnenuntergänge bekannt, die es hier über dem Wattenmeer zu sehen gibt. Kleindunsum ist etwas weiter im Binnenland gelegen.
Noch etwas weiter östlich liegt Oldsum, das seit 1970 mit den ehemals selbstständigen Dörfern Klintum und Toftum vereint ist. Der Ort ist bereits weit nördlich in die Marsch hinausgeschoben, allerdings, wie alle Dörfer der Insel, noch auf der Geest. In Oldsum hat die Landwirtschaft, wie in vielen anderen Orten der Insel, noch eine große Bedeutung, wenngleich auch hier der Fremdenverkehr zu einem wichtigen Wirtschaftsfaktor geworden ist. Zu den Sehenswürdigkeiten Oldsums, die wir auf den Touren kennenlernen werden, gehört neben der Mühle auch das kleine Museum Stelly's Hüüs. Von hier sind Wanderungen in die Marsch und zum Deich mit Blick auf die im Nationalpark Wattenmeer gelegenen Salzwiesen und den dort stehenden Informationswagen der Schutzstation Wattenmeer möglich.
Südlich von Oldsum liegt Süderende, ein ebenfalls sehr schön erhaltenes Friesendorf mit alten Häusern, Friesengärten und Steinwällen, das vor allem durch die Kirche St. Laurentii bekannt ist. Die dem heiligen Laurentius, einem als Märtyrer verehrten römischen Diakon, geweihte Kirche stammt aus dem 12. Jahrhundert. Der aus Granitquadern errichtete romanische

Der Grabstein des „glücklichen Matthias“, eines Walfängers, der insgesamt 373 der Meeressäuger erlegt hat, befindet sich vor der Laurentiuskirche in Süderende.

Grundbau wurde im Laufe der folgenden Jahrhunderte durch verschiedene Backsteinbauten erweitert.
Von der Ausstattung im Inneren seien die Kanzel von 1630, der Altarschrein aus der Mitte des 15. Jahrhunderts mit zwölf Heiligenfiguren, der romanische Granit-Taufstein aus dem 12./13. Jahrhundert mit einer Messing-Taufschale von 1720 sowie die drei prächtigen Kronleuchter erwähnt, die von erfolgreichen Walfängern gestiftet wurden. Auf dem Kirchhof von Süderende stehen zahlreiche, zum Teil schön restaurierte Grabsteine („redende Steine“, siehe S. 40 ff.), deren ältester an die 1624 gestorbene, „viel tugendsame Frau Margarete Olefs“ erinnert. Auch der wohl bekannteste Grabstein der Insel, der des „glücklichen Matthias“, ist in Süderende zu finden. Ein kleines Heftchen, das man in der Kirche erwerben kann, informiert über einige besonders schöne und interessante Grabsteine, zudem werden in den Sommermonaten Friedhofsführungen angeboten.

Der „glückliche Matthias"

Auf dem Friedhof in Süderende steht der bekannte Grabstein von Matthias Petersen, der aufgrund seines außergewöhnlichen Erfolgs beim Walfang den Beinamen „Der Glückliche“ erhielt. Die Übersetzung der lateinischen Inschrift lautet: „Matthias Petersen geb. in Oldsum den 24. Dez. 1632 gest. den 16. Sept. 1706. Er war in der Schifffahrt nach Grönland sehr kundig, wo er mit unglaublichem Erfolg 373 Wale gefangen hat, sodass er von da an mit Zustimmung aller den Namen ‚Der Glückliche‘ annahm; und dessen Frau Inge Matthiesen geb. den 7. Okt. 1641 gest. den 5. April 1727.“

Weiter südlich schließt sich das Dorf Borgsum an, dessen Name auf die nahe Lembecksburg zurückgeht. Der vor allem durch die Landwirtschaft geprägte Ort wurde im 14. Jahrhundert erstmals urkundlich erwähnt. In Borgsum steht eine der vier Mühlen der Insel, die heute privat genutzt wird. Unweit des Orts, in der Marsch, liegt die Borgsumer Vogelkoje, eine der sechs Entenfanganlagen der Insel. Nördlich von Borgsum findet man die berühmteste historische Sehenswürdigkeit Föhrs, die Lembecksburg. Der grasbewachsene, weithin sichtbare Ringwall ist etwa zehn Meter hoch, hat einen Durchmesser von circa 100 Metern und weist nach Süden hin eine Öffnung auf. Dort befand sich vermutlich ein Tor. Die ehemals von einem Wassergraben umgebene Anlage, die im 9./10. Jahrhundert errichtet worden sein dürfte, diente wahrscheinlich der friesischen Bevölkerung als Fluchtburg vor den Wikingern, die damals die Nordsee unsicher machten. Im Inneren der Ablage befanden sich Häuser, gepflasterte Wege und eine Wasserstelle. Der Sage nach soll sich der Ritter Klaus Lembeck (Klaas Lembeke) als tyrannischer dänischer Lehnsherr im 14. Jahrhundert in der Ringanlage verschanzt haben, als der dänische König Waldemar Atterdag. gegen ihn zu Felde zog. Der Ritter täuschte vor, noch genügend Proviant zu haben, indem er seine letzte Kuh, in verschiedene Felle geschlachteter Kühe gehüllt, auf dem Ringwall erscheinen ließ. Als der König schließlich die Burg doch stürmen ließ, war Klaus Lembeck bereits aufs Meer entkommen.

Im Frühjahr verleiht der gelb blühende Raps der Föhrer Landschaft an einigen Stellen einen markanten Farbaspekt (oben).

Vom Ringwall der Lembecksburg hat man einen schönen Rundblick. Die Anlage aus dem 9./10. Jahrhundert wurde wohl als Fluchtburg vor den Wikingern errichtet (unten).

Durch den Westen der Insel:
Süderende – Oldsum – Dunsum – Utersum – Hedehusum – Borgsum – Süderende
Entfernung: circa 21 km; Dauer: 2 Stunden

Wir beginnen unsere Tour an der westlichsten der drei großen mittelalterlichen Steinkirchen der Insel, in Süderende. Die Kirche St. Laurentii stammt aus dem 12. Jahrhundert und ist für einen Besuch sehr zu empfehlen (siehe auch S. 71 ff.).
Von der Kirche fahren wir Richtung Norden an dem nahe gelegenen Café „Uun't Waanjhüs" vorbei in den Ort Süderende, wo wir an einigen sehenswerten Friesenhäusern vorbeikommen. Im Ort biegen wir in eine der Straßen nach rechts ab und kommen so an die östliche Ortsumgehung, die Richtung Norden über einen Sandweg nach Oldsum weiterführt. Rechts ist die weithin sichtbare alte Windmühle des Orts zu erkennen. Nach dem Überqueren der Hauptstraße fahren wir in Oldsum erst nach links und dann bei der ersten Abzweigung gleich wieder nach rechts.
Vorbei an Stelly's Hüüs, einem kleinen Museum mit Töpferei und Café, durchqueren wir den Ort und gelangen in die Marsch, wo wir uns geradeaus Richtung Deich halten. Am Deich fahren wir links weiter, rechts liegen das Schöpfwerk Föhr-Mitte und etwas weiter der Informations-Bauwagen der Schutzstation Wattenmeer (siehe auch Föhr-Rundwanderweg). Das Vorland, das mit seinen Salzwiesen und Strandbereichen ein wichtiges Brut- und Rastgebiet für Seevögel ist, können wir vom Deich aus gut einsehen.
Wir radeln ein kleines Stück binnendeichs entlang, bis der Weg vom Deich nach links abbiegt. Nun geht es geradeaus (einige Schotterwege zweigen ab) bis zu einer Kreuzung, an der wir uns rechts halten. Die Baumgruppe zur Rechten umgibt die Oldsumer Vogelkoje. Hier kann man übrigens sehr schön den Einfluss des Windes erkennen: Der meist aus Westen

Der romanische Granitquaderbau der Laurentiuskirche in Süderende ist ebenso wie die Kirchen in Boldixum und Nieblum von alten Grabsteinen umgeben. Die backsteinernen Anbauten des einschiffigen Gotteshauses entstanden im frühen 13. Jahrhundert.

Die Holzkanzel der Laurentiuskirche mit ihrer hübschen farbigen Fassung stammt aus dem Jahr 1630.

Die Borgsumer Mühle ist ein Anfang der 1990er-Jahre nach alten Plänen neu errichteter Galerieholländer (oben).

Die Gehölzgruppe um die Oldsumer Vogelkoje (im Hintergrund) in der Föhrer Marsch lässt die von Westen nach Osten ansteigende Höhe der Bäume erkennen, die durch die Kraft des Windes beeinflusst wird (unten).

blasende Wind sorgt dafür, dass die im Windschatten stehenden Bäume gut hochwachsen können, sodass von Westen nach Osten die Wuchshöhe der Bäume allmählich ansteigt.

An der Gabelung halten wir uns links und biegen wenig später nochmals links ab. Am nördlichen Ortsende von Großdunsum stoßen wir auf zwei Straßen und halten uns scharf rechts Richtung Deich. Wir erreichen den Parkplatz von Dunsum, wo die Wattwanderungen zur Nachbarinsel Amrum starten. Wir fahren nach links und radeln direkt am Deich entlang. Vorbei an kleinen Waldstücken mit Kiefern und Fichten, verbuschten Bereichen, aber auch Heideflächen mit Kriechweiden und Krähenbeeren sowie dem Schöpfwerk Föhr-West passieren wir zur Linken mehrere Fischteiche. Diese werden zum Teil privat genutzt, für einige aber können Angler auch Erlaubnisscheine erwerben. Karpfen, Schleien und Forellen kann man hier aus den Teichen ziehen.

Unser Weg entfernt sich dann vom Deich. Geradeaus geht es nach Utersum. Wir biegen jedoch die erste Straße rechts ab und sehen auf der rechten Seite das „Haus des Gastes" am Deich liegen, in dem sich der Gästeservice Utersum und ein Imbiss befinden. Hier beginnt auch der schöne Sandstrand von Utersum. Die Straße macht dann einen scharfen Linksknick, dem wir folgen, um nach rechts abzubiegen. Bald kommen wir an drei bronzezeitlichen Hügeln „Triibergem" (siehe Wanderung „Rund um Utersum") vorbei. Gleich darauf biegen wir links ab und gelangen zur Hauptstraße. An dieser geht es zunächst rechts und dann dem Linksknick folgend ein Stück entlang bis zur ersten Abzweigung nach rechts. Kurz darauf wenden wir uns nach links, sodass wir den Ort Hedehusum südlich umfahren. Dann geht der Weg rechts über den Deich und führt beschaulich, mit weitem Blick über das Meer, durch die Niederung (siehe auch Wanderung Nieblum – Hedehusum). Die Godel-

niederung umfahren wir dem Straßenverlauf folgend und überqueren diese an einer Brücke. Dann biegt der Weg nach Norden ab und führt zur Hauptstraße, die wir schräg rechts überqueren. So kommen wir direkt an der Borgsumer Mühle vorbei. Die 1994 errichtete Mühle war damals der erste Windmühlen-Neubau in Schleswig-Holstein seit 1923. An der gleichen Stelle standen von 1744 bis 1893 eine Bockmühle und von 1894 bis 1946 ein Erdholländer. Die als Galerieholländer nach alten Plänen durch einen direkten Nachkommen des ersten Borgsumer Müllers neu aufgebaute Mühle wird jetzt privat genutzt. Wer eine Stärkung benötigt, kann gegenüber der Mühle im Café „Letj Lembeck's" einkehren.
An der Mühle vorbei radeln wir bis zur Hauptstraße, wo wir uns rechts halten und gleich darauf links in den Neiwoi einbiegen. An der Gabelung nehmen wir die linke Straße, fahren an deren Ende rechts und gleich wieder links. Geradeaus geht es hier zum Ringwall der Lembecksburg. Den Ringwall sehen wir auch auf unserem weiteren Weg zur Rechten hoch aufragen, ebenso ist in der Ferne bereits der Ausgangspunkt unserer Radtour, die Kirche von Süderende, gut zu erkennen. Wir müssen am Ende der T-Kreuzung nochmals rechts abbiegen und erreichen zur Rechten eine Gedächtnisstätte für den Forscher und Heimatkundler Lorenz Braren (1886–1953) sowie den kleinen Friedhof Monklembergen aus der Wikingerzeit. Hier biegen wir nach links ab und erreichen wieder die St.-Laurentii-Kirche.

■ Information

25938 Utersum:
Gästeservice Utersum der Föhr Tourismus GmbH
im *Haus des Gastes*
Klaf 2
☎ 0 46 83/3 46 und 0 46 81/3 00
www.foehr.de

■ Kirche

25938 Süderende:
St. Laurentii
Pastorat Haus Nr. 1
☎ 0 46 83/3 50
www.kirche-foehr.de
Kirchenführungen von Juni bis Okt. dienstags um 17.30 Uhr, für die Orgelführung bitte Aushänge beachten, Friedhofsführungen Juni bis Okt. mittwochs um 15 Uhr, Sommerkonzerte in der Hauptsaison sonntags um 20 Uhr

■ Restaurants und Cafés

25938 Borgsum:
Landpartie
Taarepswoi 20
☎ 0 46 83/96 39 32
In der Saison durchgehend geöffnet.
Idyllischer Biergarten, familienfreundlich, Spezialität: Fischtopf „Landpartie“

Letj Lembeck's
Malnstich 5
☎ 0 46 83/3 69
Dienstag Ruhetag.
Nahe der Borgsumer Mühle

25938 Utersum:
Café, Kiosk und Restaurant
im *Haus des Gastes*
Klaf 2
☎ 0 46 83/4 32
Im Winter geschlossen.
Kleinere Gerichte, Blick aufs Meer

25938 Oldsum, Toftum:
Im Apfelgarten
Haus Nr. 86
☎ 0 46 83/8 98
Reiches Teeangebot, kleinere Gerichte, auch Bilderausstellungen und Veranstaltungen

Ual fering Wiartshüs
Haus Nr. 141
☎ 0 46 83/4 65
Dienstag Ruhetag.
Vielseitige Karte, familienfreundlich, ganzjährig geöffnet

25938 Süderende:
Café Uun't Waanjhüs
Kirchweg 3
☎ 0 46 83/10 79
Außerhalb der Saison Montag Ruhetag.
Waffeln und Kuchen aus eigener Herstellung

Die Scheune
Haus Nr. 60
☎ 0 46 83/96 25 67
Montag Ruhetag, außerhalb der Saison auch Sonntag.
Spitzenrestaurant mit Frischeküche, viele Zutaten aus der Region, gemütlicher Rosengarten

■ Hotel

25938 Süderende:
Landhaus Altes Pastorat
☎ 0 46 83/2 26
Stilvolles Ambiente im denkmalgeschützten ehemaligen Pastoratsgebäude von 1762

■ Museum

25938 Oldsum:
Stelly's Hüüs
Museum, Café und Töpferei
Haus Nr. 38
☎ 0 46 83/3 06
Im Winter Montag und Dienstag Ruhetag, sonst täglich von 14 bis 18 Uhr.
Unter dem Dach eines Friesenhauses von 1837 befinden sich ein kleines Museum mit zahlreichen Raritäten, Kuriositäten und Meeresaquaristik, eine Töpferstube und ein Café mit Terrasse

Schöpfwerk Föhr-Mitte
Grüner Infowagen
N
Oldsumer Vogelkoje
Oldsum
Dunsum
Klein-dunsum
Groß-dunsum
Schöpfwerk Föhr-West
Grat Kanal
Der Kanal
Süderende
Toftumer Heide
St. Laurentius
Utersum
Ringwall Lembecksburg
Borgsumer Vogelkoje
Hedehusum
Borgsum
Witsum
Goting
Nationalpark Schleswig-Holsteinisches Wattenmeer
1,5 km

„Traumstraße" und Strand zwischen Nieblum, Goting und Hedehusum

Entfernung kurze Strecke: circa 6 km;
Dauer: circa 1,5 Stunden
Entfernung lange Strecke bis Utersum: circa 19 km;
Dauer: circa 5 Stunden

Die Wanderung führt als kleine Runde von Nieblum nach Goting und am Strand zurück. Die Tour lässt sich ausdehnen und verläuft dann über die sogenannte Traumstraße und parallel zu dieser über Witsum nach Hedehusum sowie am Strand und über die Traumstraße zurück.

Wir starten an der St.-Johannis-Kirche in Nieblum und verlassen den Ort Richtung Norden, indem wir die Kirche und den Friedhof rechts liegen lassen. Wir nehmen die erste Abzweigemöglichkeit nach links. Die flache Landschaft im Übergang von der Geest zur Marsch ist entlang den Gräben noch stark mit Gehölzen durchzogen und erinnert etwas an die mit bewachsenen Wallhecken, den Knicks, durchzogene Agrarlandschaft des Östlichen Hügellands Schleswig-Holsteins. Neben verschiedenen Weidenarten findet man Weißdorn, Erlen und Holunder als charakteristische Gehölze.

Am Ende des Wegs gehen wir links, halten uns an der Gabelung rechts und gleich wieder links und erreichen die Hauptstraße, die wir überqueren. In Goting halten wir uns rechts und folgen dann dem Brukswai, der wieder nach rechts abgeht.

Für die kleine Runde wandern wir ein Stück weiter geradeaus und dann in den Wikingswai hinein, der uns an der Brukniederung entlang, einem salzbeeinflussten Grünland, direkt zum Strand führt. Von hier gehen wir, mit herrlichem Blick aufs Meer, zurück nach Nieblum. Das hier zur Linken liegende und fast neun Meter hohe Goting-Kliff ist derzeit durch Sandvorspülungen und Dünenbildungen recht gut vor

weiterem Abbruch geschützt. Am Nieblumer Übergang, wo eine Steinbuhne am Strand ins Watt hinaus führt, verlassen wir den Strand wieder. Hier liegt das Nieblumer Wassersport Center. Wir gehen dann am Leuchtfeuer und am Café Osterheide vorbei nach Nieblum. Im Ort umwandern wir das Kleingewässer De Meere, erreichen über die Strandstraße die Hauptstraße, überqueren diese und kommen so wieder zur Kirche.
Für unsere lange Strecke geht es auf der Straße Brukswai in Goting weiter. Hier haben wir einen weiten Blick über die Brukniederung zum Strand und bis zur Nachbarinsel Amrum hinüber. Der Weg macht einen Rechtsknick, und vorbei an Hügelgräbern zur Linken erreichen wir die Hauptstraße, die auf dieser Strecke wegen des wunderschönen Blicks auf das Meer und den Strand bis zum Ortseingang Utersum „Traumstraße" genannt wird. Wir biegen nach links auf die Traumstraße ab, verlassen sie aber gleich wieder nach links, an der Stelle, an der es rechts direkt zur Borgsumer Mühle abgeht, da der küstennahe Parallelweg durch Salzwiesen und Weiden noch schöner ist. Wir wandern an der Godelniederung zur Linken entlang. Der Weg darf nicht verlassen werden, da die Lagunensalzwiesen ein wichtiges Brut-, Nahrungs- und Rastgebiet für verschiedene Seevogelarten sind. Neben den drei Seeschwalbenarten brüten hier unter anderem auch Säbelschnäbler, Rotschenkel, Austernfischer und Sandregenpfeifer.
Der Weg führt nach links über eine Brücke; rechts geht es nach Witsum und zum Restaurant „Klaar Kimming".
Wir wandern weiter durch die Niederung der Godel. Das Gebiet ist deutlich salzbeeinflusst, wie man besonders an der Pflanzenwelt entlang den Gräben, aber auch auf den Wiesen und Weiden gut erkennen kann. Hier wachsen typische Pflanzen der Salzwiesen wie Keilmelde, Meerstrand-Beifuß, Strandgrasnelke,

Blick von der „Traumstraße“ auf die Salzwiesen und die Rastplätze der Seevögel. Diese Gebiete, die zum Teil zur „Ruhezone 1“ des Nationalparks „Schleswig-Holsteinisches Wattenmeer“ gehören, dürfen nicht betreten werden (oben).

Auch Utersum im Westen der Insel lockt mit einem schönen Sandstrand. Im Hintergrund ist die Nachbarinsel Amrum mit ihrer abwechslungsreichen Dünenlandschaft zu erkennen (unten).

Strandaster und sogar die an besonders hohe Salzkonzentrationen angepassten Arten Strandsoda und Queller.
Mit weitem, herrlichem Blick über die flache Landschaft, begleitet vom Gezwitscher der Feldlerchen und dem „Gedüddel" der Rotschenkel geht es weiter durch die Niederung bis zu einem Deich, hinter dem es gleich links weitergeht. Wir umgehen so den Ort Hedehusum südlich. Ein Rechtsknick führt uns dann zur Traumstraße zurück, an der wir nach links abzweigen. An der Rechtskurve lohnt sich ein Abstecher nach links Richtung Strand. Hier liegen die Galerie Hedehusum und einige bronzezeitliche Hügelgräber (circa 1800–500 v. Chr.) zu beiden Seiten des Wegs, zum Beispiel eines zur Linken mit einem Durchmesser von 15 Metern und einer Höhe von 3,4 Metern, das 1899 geöffnet wurde und in dem eine rechteckige Feldsteinpackung, Spuren eines vermoderten Holzsargs und Urnen mit Leichenbrand und Knochenresten gefunden wurden.
An der Hauptstraße gehen wir gleich links am Gelände des BfA-Sanatoriums vorbei zum Strand. Zur Rechten liegen einige zur Küstensicherung am Strand angelegte Buhnenreihen aus Steinen. Wir wenden uns nach links und wandern am Strand entlang. Kleinere Abstecher ins Watt sind möglich, aber auch Beobachtungen am Strand und das Sammeln von Muscheln und Steinen im Spülsaum sind für den naturkundlich Interessierten sehr lohnend. Wir gehen bis zur Godelniederung, wo wir den Strand verlassen müssen und wieder zur Brücke über die Godel gelangen. Nun wandern wir entweder am Strand weiter oder wir folgen dem Weg, den wir gekommen sind, und begeben uns in Goting auf den Rückweg der erwähnten kleinen Runde von Goting nach Nieblum.

■ Restaurants und Cafés

25938 Nieblum:
Café Nieblum
Bi de Süd 38
☎ 0 46 81/7 47 19 40
Reiche Teeauswahl, frische Waffeln, selbst gemachtes Eis, große Terrasse

Osterheide
Hotel u. Café
Heidweg 18
☎ 0 46 81/28 95
Kuchen aus eigener Herstellung, mit großer Sonnen- und Kaffeeterrasse, im Sommer Dienstag und Donnerstag Grilltage

Landhotel Villa Witt
Alkersumstieg 4
☎ 0 46 81/5 87 70
Im Winter Montag und Dienstag Ruhetag.
Traditionsreiches Hotel, Restaurantgarten, Bistrorant der gehobenen Klasse, mit Vinothek

25938 Goting:
Kliff Café
Klafwai
☎ 0 46 81/36 60
Eisspezialitäten, Kuchen aus eigener Herstellung, Sommerterrasse mit Meerblick, Minigolf

25938 Witsum:
Klaar Kimming
Traumstraße 10
☎ 0 46 83/3 87
Dienstag Ruhetag, außerhalb der Saison geschlossen.
Besonders Fischgerichte, z. B. Meeräschen, schöne Terrasse

■ Surfen

25938 Nieblum:
Nieblumer Wassersport Center
Jens-Jacob-Eschel-Straße 27
Dirk Hückstädt
☎ 0 46 81/35 66 und 47 66 (Strand, im Sommer bis Ende Okt.);
Fax 5 08 52

■ Galerie

25938 Hedehusum:
Galerie Hedehusum
Poolstich 12
☎ 0 46 83/96 22 78
Mo.–Sa. 14.30–18 Uhr
Mehrere wechselnde Ausstellungen pro Jahr

Große Runde
Kleine Runde
Nieblum
St. Johannis
P
P
Haus des Gastes
Goting
Borgsum
Ringwall Lembecksburg
Witsum
Hedehusum
Utersum
Nationalpark
Schleswig-
Holsteinisches
Wattenmeer
N
1,5 km

Rund um Utersum

Entfernung kleine Runde: gut 4 km;
Dauer: circa 1 Stunde
Entfernung große Tour bis Dunsum: circa 11 km;
Dauer: circa 3 Stunden

Wir starten am Haus des Gastes in Utersum, in dem neben dem Gästeservice Utersum auch ein Verkaufskiosk, ein Schnellimbiss und Aufenthaltsräume mit Blick aufs Meer untergebracht sind. Von hier können wir direkt an den Strand hinuntergehen. Der Wanderweg oberhalb der Dünen existiert nicht mehr, da er durch Sandvorspülungen und Sandverwehungen zugedeckt wurde. Also gehen wir Richtung Süden am Strand entlang, wobei wir zahlreiche senkrecht vom Ufer ins Meer hinausgezogene Buhnen überklettern müssen. Die meist aus Steinpackungen bestehenden Küstenschutzbauwerke sollen den Abbruch des hier westlich exponierten und nahe am Amrumtief gelegenen Küstenabschnitts verhindern. Auf dieser Strecke kann man den weiten Blick über das Meer hinüber zur Nachbarinsel Amrum, aber auch die schönen Dünen mit einzelnen Kiefern oberhalb des Strands genießen. Am Ufer entdeckt man zuweilen interessante naturkundliche Spülsaumfunde. Neben Gehäusen verschiedener Meeresschnecken und -muscheln liegen hier auch Sepia-Schulpe, Skelette von Tintenfischen und kleine schwarze, viereckige Eikapseln von Rochen, die zum Festheften vierfädige Enden besitzen. Auch Laichballen der Wellhornschnecke, Holzstücke mit Seepocken und verschiedene Algenarten werden angetrieben.

Gleich nach der letzten Steinbuhne verlassen wir den Strand und gehen auf den Weg, der uns an der großen Anlage der Rehabilitationsklinik vorbeiführt. An der Hauptstraße biegen wir die erste Straße nach links ab und kommen dann wieder rechts an den bronzezeitlichen Grabhügeln „Triibergem“ vorbei. Wenn wir

nun nach links in die Straße Norder Kaalkamp spazieren, kehren wir zum Haus des Gastes zurück.
Wer noch Lust für die große Runde hat, läuft auf der Straße Triibergem geradeaus weiter. An deren Ende gehen wir nach rechts, halten uns dann links und überqueren am Ortsausgang die Hauptstraße. In Utersum gibt es eine ganze Reihe von Einkehr- und Einkaufsmöglichkeiten. An der nächsten Gabelung halten wir uns links, gehen dann bei der nächsten Möglichkeit wieder nach links und wandern Richtung Norden. Wir überqueren noch einmal die Hauptstraße und kommen nach Kleindunsum.
Wir folgen der nächsten Abzweigung nach links und gehen auf einem Schotterweg weiter, an dessen Ende wir uns links halten und auf die Hauptstraße gelangen, wo wir uns rechts halten. In Großdunsum gehen wir gleich nach rechts und folgen dem Weg direkt zum Deich, wo wir einen Parkplatz erreichen, an dem die Wattwanderungen nach Amrum beginnen. Wir erklimmen den Deich und können nun mit Blick über das Watt nach Sylt und Amrum hinüber sowie auf die Wälder, Heiden und Teiche vorbei am Schöpfwerk Föhr-West den Rückweg zum Haus des Gastes antreten. Kurz vor dem Ziel sollten wir noch einen Abstecher zum direkt hinter dem Deich gelegenen Megalithgrab „Sunbereg“, einem Steinkammergrab aus der Steinzeit, machen. Als das Grab 1895 geöffnet wurde, fand man eine durch drei große flache Steine abgedeckte Grabkammer, in der sich als Beigaben ein Feuersteinbeil mit geglätteter Oberfläche und eine Scherbe mit Ösenschenkel befanden.

■ Information

25938 Utersum:
Gästeservice Utersum der Föhr Tourismus GmbH
im Haus des Gastes
Klaf 2
☎ 0 46 83/3 46 und 0 46 81/3 00
(inselweite Service-Nr.)
www.foehr.de

■ Restaurants und Cafés

25938 Utersum:
Café Ual Skinne
Boowen Taarep 11
☎ 0 46 83/13 98
Mittwoch Ruhetag.
Selbst gemachter Kuchen, Waffeln, traditionelle und mediterrane Küche, sonnige Terrasse

Café im Haus des Gastes
Klaf 2
☎ 0 46 83/4 32
Kleinere Gerichte, Blick aufs Meer, Terrasse

Enzo's Pesel
Ban Taarep 1
☎ 0 46 83/14 63
Italienische Küche, Spezialität: Fischteller nach Lust und Laune

Gasthaus Knudsen
Boowen Taarep 15
☎ 0 46 83/3 08
Donnerstag Ruhetag.
Seit 1836 in Familienbesitz, wechselnde Tageskarte, Senioren- und Kinderkarte, auch Hotel

Stal Huk
Lung Jaat 1
☎ 0 46 83/13 74
Montag Ruhetag.
Einfache ländliche, deftige Küche

Zur Post
Jaardenhuug 2
☎ 0 46 83/96 33 30
Mittwoch Ruhetag.
Gutbürgerliche Küche, Hausmannskost zu erschwinglichen Preisen, auch Hotel (mit eigenem Hallenschwimmbad)

25938 Dunsum:
Café Zum Wattenläufer
☎ 0 46 83/7 35
Blaubeerpfannkuchen, Weißkohlpudding und Holundergrog zur Stärkung vor und nach einer Wattwanderung, Informationstafeln des Nationalparkamts

Nationalpark
Schleswig-
Holsteinisches
Wattenmeer
Grat Kanal
Oldsum
Dunsum
Schöpfwerk
Föhr-West
Groß-
dunsum
Klein-
dunsum
Der Kanal
Süderende
St. Laurentius
Utersum
us des
Gastes
Hedehusum
Witsum
Goting
N
1,5 km
Große Runde
Kleine Runde

Ausflüge in die Umgebung

Amrum – die Perle der Nordsee

Einen Ausflug zu der etwa eine Fährstunde entfernten Nachbarinsel Amrum sollte sich kein Föhr-Urlauber entgehen lassen. Hier findet man mit dem endlos weit erscheinenden Kniepsand, den ausgedehnten Dünen, Kiefernwäldern, Heiden und Salzwiesen eine Landschaft vor, die mit ihren Naturreizen wahrlich nicht geizt. Und die Amrumer, die um den Wert ihrer Naturlandschaft wissen, bemühen sich intensiv um deren Schutz. Große Teile der Insel sind Naturschutzgebiet, der Rest ist Landschaftsschutzgebiet und die umliegenden Watten gehören zum Nationalpark Wattenmeer. Auf der nur circa 20 Quadratkilometer großen Insel (mit dem Kniepsand 29 Quadratkilometer) gibt es drei Naturschutzvereine, die sich auch um die naturkundliche Information der Besucher kümmern. Neben dem Verein Jordsand und der Schutzstation Wattenmeer ist auch der Öömrang Ferian (Amrumer Verein) auf der Insel aktiv, der sich zwar vor allem mit Brauchtums- und Sprachpflege beschäftigt, aber auch als regionaler Naturschutzverein tätig ist.

Die Geschichte der Insel ähnelt im Wesentlichen der Föhrs: Auch auf Amrum zeugen noch Spuren von einer frühen Besiedlung. Neben Megalithgräbern aus der Jungsteinzeit findet man über die ganze Insel verteilt bronzezeitliche Grabhügel. Aus der Wikingerzeit stammt der Krümwaal, ein etwa zwei Meter hoher Erdwall, der sich südlich der Nebeler Mühle auf fast zwei Kilometern zum Watt hinunterzieht. Die Bedeutung dieser Anlage ist den Forschern bis heute ein Rätsel. Erstmals erwähnt wird Amrum in dänischen Dokumenten aus dem Jahr 1231. Einige Orte und auch die Kirche St. Clemens sind aber noch älter. Bis 1864, als die Insel, wie das ganze Herzogtum

Schleswig, zu Preußen kam, gehörte Amrum zum Königreich Dänemark. Die Einwohner lebten von der Landwirtschaft, der Salzsiederei und dem, was das Meer an den Strand spülte. Mitte des 17. Jahrhunderts gingen zahlreiche Amrumer auf Walfang und waren später auch im Passagierschiffsverkehr tätig. Die verschiedenen Auswanderungswellen vor allem nach Amerika, aber auch nach Australien, führten dazu, dass heute mehr Amrumer fern der Insel leben als auf dieser selbst. Heute verteilen sich etwa 2400 Einwohner auf die fünf Dörfer und drei Gemeinden der Insel. 1890 wurde Amrum Nordseebad, allerdings gegen massive Widerstände in der Bevölkerung. Heute ist der Fremdenverkehr die mit Abstand wichtigste Einnahmequelle der Amrumer. Der im Oktober 1998 vor Amrum auf Grund gelaufene Holzfrachter Pallas führte zu einer Ölverschmutzung im Nationalpark Wattenmeer und mahnt seither durch das bei Niedrigwasser vor der Insel sichtbare Wrack an die verschiedenen Umweltgefahren, die auch einem Schutzgebiet wie dem Nationalpark drohen können.

Insel-Radtour:

Wittdün – Süddorf – Nebel – Norddorf – Wittdün
Entfernung: 18 km; Dauer: circa 2 Stunden

Da die Insel sehr übersichtlich ist und die Hauptradwanderroute gut ausgeschildert, kann hier auf eine ausführliche Wegbeschreibung verzichtet werden. Vielmehr sollen die Sehenswürdigkeiten dargestellt und einige Abstecher vorgeschlagen werden.
Vom Fähranleger in Wittdün fahren wir zunächst zum Ortsausgang und zum weithin sichtbaren Leuchtturm. Auf halber Strecke können wir nach rechts einen kleinen Abstecher zum Seezeichenhafen machen, wo man sich die die Fahrrinnen markierenden bunten Bojen und Tonnen einmal in ganzer Größe ansehen kann. Hier liegen auch einige Yachten, der Seenotrettungskreuzer und mehrere Krabbenkutter, bei denen man sich für den weiteren Weg mit frischen Krabben eindecken kann.
Am Leuchtturm beginnen die beiden Haupt-Radwanderstrecken der Insel. Nach rechts geht der mit einem gelben Kreis markierte Asphaltweg über Süddorf und Nebel nach Norddorf; der links abzweigende, mit einem grünen Dreieck markierte Waldweg führt an Nadelwäldern und Heiden entlang ebenfalls bis Norddorf. Die für Radler ausgesprochen gefährliche Landstraße sollte man auf jeden Fall meiden! Wir benutzen für den Hinweg den mit einem gelben Kreis markierten Weg nach rechts. Bei schlechtem Wetter allerdings ist es sinnvoller, zunächst den geschützteren Waldweg gegen den meist aus nördlichen und westlichen Richtungen blasenden Wind zu nehmen. Der einschließlich Düne 64 Meter hohe Leuchtturm, der 1875 in Betrieb genommen wurde, gilt als das Wahrzeichen der Insel. Der Aufstieg auf den höchsten Leuchtturm der schleswig-holsteinischen Westküste ist zwar anstrengend, wird aber durch einen grandiosen Blick über die Dünen-

Nach einer kleinen Wanderung von Wittdün aus an der Wattseite entlang erreicht man den Segler- und Seezeichenhafen (oben).

Im Seezeichenhafen kann man frische Krabben direkt auf dem Kutter kaufen (unten).

landschaft Amrums sowie die umliegende Insel- und Halligwelt belohnt.
Auf unserem Weg durchfahren wir zunächst Süddorf. Die zu Wohnzwecken ausgebaute Mühle des Orts auf einem Hügelgrab, die bis Ende des 19. Jahrhunderts auf Sylt stand, überragt die Landschaft. Nachdem wir Süddorf verlassen haben, führt uns der nächste Weg nach links auf einen kleinen Abstecher zur 1771 erbauten Erdholländer-Mühle von Nebel, in der sich ein kleines Heimatmuseum befindet. Nahe der Mühle liegt der Heimatlosenfriedhof mit schlichten Holzkreuzen, auf denen lediglich die Funddaten unbekannt gebliebener Toter verzeichnet sind, die an den Amrumer Strand gespült wurden.
Nach dem Abstecher fahren wir nach Nebel hinein. Der kleine Ort mit seinen hübschen Friesenhäusern, der alten Kirche und dem besonderen Flair eines alten Friesendorfs ist für Amrum das, was Nieblum für Föhr und Keitum für Sylt sind: das schönste Dorf der Insel. Nach einem Gang durch die Seitengassen des Orts sollten wir es nicht versäumen, die St.-Clemens-Kirche zu besichtigen, die um 1200 als Nebenkirche von St. Johannis auf Föhr errichtet wurde. Das reetgedeckte Kirchenschiff und die weiß verputzten Kirchenmauern geben dem Gotteshaus ein ganz eigenes Gepräge. Der älteste Gegenstand im Inneren ist der Granit-Taufstein aus dem 13. Jahrhundert. Weiterhin zu erwähnen sind die Apostelgruppe an der Südwand aus dem frühen 14. Jahrhundert, der 1634 gestiftete Altar mit der Abendmahlsdarstellung sowie die alten Grabsteine auf dem Friedhof, die zum Teil noch aus dem 17. Jahrhundert stammen. Der Turm der St.-Clemens-Kirche ist vergleichsweise jung: Er feierte im Jahr 2008 seinen 100. Geburtstag.
Wir verlassen dann den Ort, sehen zur Rechten die Kläranlage mit der Windkraftanlage und erreichen alsbald Norddorf. Bevor wir uns durch den Wald auf den Rückweg in Richtung Wittdün machen, sollten wir

Nebel gilt zu Recht als schönstes Dorf Amrums, wie seine hübschen, blumenumrankten Friesenhäuser zeigen (oben).

Auf dem Friedhof der romanischen Kirche St. Clemens in Nebel stehen viele alte Grabsteine, deren älteste aus dem 17. Jahrhundert stammen. Sie berichten von den Schicksalen der Fischer und Kapitäne (unten).

noch einen Abstecher zum Kniepsand machen, dessen Wasserkante hier nicht allzuweit vom Übergang durch die Dünen entfernt ist. Ein naturkundliches Informationszentrum wird vom Öömrang Ferian in Zusammenarbeit mit dem Verein Jordsand und dem Nationalparkamt betrieben. Hier kann man sich über die Inselnatur, die Tier- und Pflanzenwelt und aktuelle Naturschutzprobleme informieren. Auf drei Naturpfaden werden die typischen Pflanzen der Düne, der Salzwiese und des Waldes erläutert. Zudem bietet der Öömrang Ferian verschiedene Führungen zu naturkundlichen, archäologischen und inselkundlichen Themen an. Wer genügend Zeit mitgebracht hat, sollte es sich nicht nehmen lassen, die Nordspitze der Insel, die Amrumer Odde, zu umwandern. Das bedeutende Vogelschutzgebiet steht seit 1937 unter Naturschutz. Der Vogelwärter des Vereins Jordsand bietet naturkundliche Führungen an.

Auf dem Rückweg durch den Wald machen wir noch einen Abstecher zur zwischen Norddorf und Nebel gelegenen Vogelkoje. Die ehemalige Entenfanganlage wurde wiederhergestellt und der Besucher kann gut erkennen, wie in früheren Zeiten die durchziehenden Enten gefangen wurden. Der weitere Weg eröffnet Möglichkeiten zum Aufstieg auf verschiedene Aussichtsdünen sowie Abstecher zum Kniepsand. Vorbei an Wäldern und kleinen Heideflächen passieren wir Nebel und kommen am Leuchtturm vorbei nach Wittdün. Falls die Fähre nicht gleich zurückfährt, kann man noch auf der Strandpromenade flanieren und den herrlichen Blick über den Strand, den Kniepsand und die Nordsee genießen oder der naturkundlichen Ausstellung der Schutzstation Wattenmeer mit Landschaftsausschnitten, Aquarien und vielfältigen Informationen einen Besuch abstatten. Wer auf den Kniepsand hinausgeht, sollte die Pfahlmarkierungen beachten, die den als Vogelbrutgebiet sehr bedeutsamen Sandhaken absperren. Auch der

Die seit 1937 unter Naturschutz stehende Amrumer Odde an der Nordspitze der Insel ist ein bedeutendes Vogelbrutgebiet (oben).

Die Amrumer Vogelkoje zwischen Norddorf und Nebel wurde wiederhergestellt, sodass der Besucher einen Eindruck vom früheren Entenfang auf den Nordfriesischen Inseln erhält (unten).

westlich des Orts am Kniepsand gelegene Dünensee Wriakhörn, an dem man einige Vögel aus nächster Nähe beobachten kann, und der nahe gelegene Naturlehrpfad lohnen einen Abstecher.

Der Kniepsand

Mit seiner Fläche von circa zehn Quadratkilometern dürfte der Amrumer Kniepsand zu den größten und grandiosesten Stränden Europas gehören. Der endlos erscheinende Badestrand lädt zu weiten Wanderungen ein und ist ein natürlicher Küstenschutz der Insel. Ehemals war der Kniepsand als Sandbank Amrum vorgelagert, ist aber im Laufe der Zeit auf die Insel zugewandert und heute auf gesamter Länge mit ihr verbunden. Der Kniepsand wandert noch immer weiter nach Norden.
Die bis zu 1,8 Meter über dem Meeresspiegel liegenden Sandflächen, auf denen sich bisweilen auch kleine Primärdünen bilden, werden nur bei höheren Fluten überschwemmt, bei normalem Hochwasser bleibt der Sand trocken.
Die früher zangenartige Form (friesisch: Knieper) der Sandbank vor der Inselküste hat dem Kniepsand seinen Namen gegeben.

■ Information

25942 Wittdün:
Amrum Touristik
Am Fähranleger
☎ 0 46 82/9 40 30; Fax 94 03 20
www.amrum.de

Amrum Touristik Wittdün
Am Schwimmbad 1
☎ 0 46 82/9 43 40; Fax 94 34 56

25947 Nebel auf Amrum:
Amrum Touristik Nebel
Hööwjaat 1a
☎ 0 46 82/94 300; Fax 94 30-30

25952 Norddorf:
Amrum Touristik Norddorf
Ual Saarepswai 7
☎ 0 46 82/94 70-0; Fax 94 70-94

■ Museen und Ausstellungen

25946 Wittdün:
Naturkundliches Informationszentrum der Schutzstation Wattenmeer
Mittelstraße 34 (hinter der ehemaligen Kurverwaltung)
☎ 0 46 82/27 18
In der Saison täglich außer Di. 10–12 und 15–17 Uhr

25946 Nebel:
Heimatmuseum
In der Mühle
Ualjaat 4
☎ 0 46 82/15 12 und 8 72
Täglich 11–17 Uhr

Öömrang Hüs
Historisches Friesenhaus
Waaswai 1
☎ 0 46 82/41 53
Mo.–Sa. 15–17 Uhr; im Sommer auch Mo.–Fr. 10.30–12.30 Uhr

25946 Norddorf:
Naturzentrum
Strunwai 31
☎ 0 46 82/16 35
Täglich außer Do. 10–17 Uhr

Verein Jordsand e. V.
Vogelwärter-Häuschen
Führungen im Vogelschutzgebiet Amrum-Odde
Täglich außer Mo. 10 Uhr
☎ 0 46 82/23 32

■ Leuchtturm

25946 Wittdün:
Mo.–Fr. 8.30–12.30 Uhr
An Feiertagen und bei starkem Wind geschlossen

■ Hotels

25946 Norddorf:
Hüttmann
Ual Saarepswai 2–6
☎ 0 46 82/92 20
Traditionsreiches Haus, unter anderem mit Wildspezialitäten aus eigener Jagd und Vollkorn- sowie vegetarischer Küche

Pidder Lyng
Bideelen 5
☎ 0 46 82/94 440; Fax 94 44-33
Ruhiges Appartement-Hotel mit schönem Blick aufs Wattenmeer

Seeblick
Strunwai 13
☎ 0 46 82/92 10
Beim Bau des Hauses wurde auf die Verwendung biologischer Materialien geachtet, im Restaurant gibt es nordfriesische Spezialitäten

25946 Wittdün:
Weiße Düne
Achtern Strand 6
☎ 0 46 82/94 00 00; Fax 94 00 94
Hotel mit Sauna, Physiothermkabine, Solarium und beheiztem Hallenschwimmbad, dazugehöriges Restaurant mit regionalen Spezialitäten

■ Restaurants und Cafés

25946 Norddorf:
Café Schult
Ual Saarepswai 9
Im Winter Montag Ruhetag.
☎ 0 46 82/22 34
Einer der ältesten Familienbetriebe auf der Insel, neben Friesentorte und -waffeln auch reiches Angebot aus der Vollwertbäckerei

Ual Öömrang Wiartshüs
Bräätlun 4
☎ 0 46 82/8 36
Im Winter Mittwoch und Donnerstag Ruhetag.
Altfriesische Gaststätte und Hotel, Fischgerichte, Lachs und Aal aus eigener Räucherei, mit gemütlichem Garten

25946 Nebel:
Friedrichs
Uasterstigh 18
☎ 0 46 82/9 49 70
Regionale und internationale Gerichte im ältesten Hotel Nebels (von 1898)

Friesen Café
Uasterstigh 7
☎ 0 46 82/9 66 20
In der Vor- und Nachsaison Mittwoch Ruhetag.
Friesentorte, Friesenwaffeln, Eiergrog, Pharisäer und rote Grütze sind nur einige der Spezialitäten

Seekiste
Smääljaat 2
☎ 0 46 82/6 40; Fax 14 21
Montag Ruhetag.
Am Nachmittag Brotzeit und Kuchen, abends Fisch und Meeresfrüchte im gemütlichen Wintergarten

25946 Wittdün:
Café Pustekuchen
Inselstraße 41
☎ 0 46 82/96 19 00
Selbst gemachtes Bio-Eis aus frischen Zutaten, hausgemachter Kuchen

Keksdose
Inselstraße 8
☎ 0 46 82/44 04
Im Winter Freitag Ruhetag.
Café und Bistro mit Friesenwaffeln sowie heißen Spezialitäten wie Pharisäer, Grog und Teepunsch

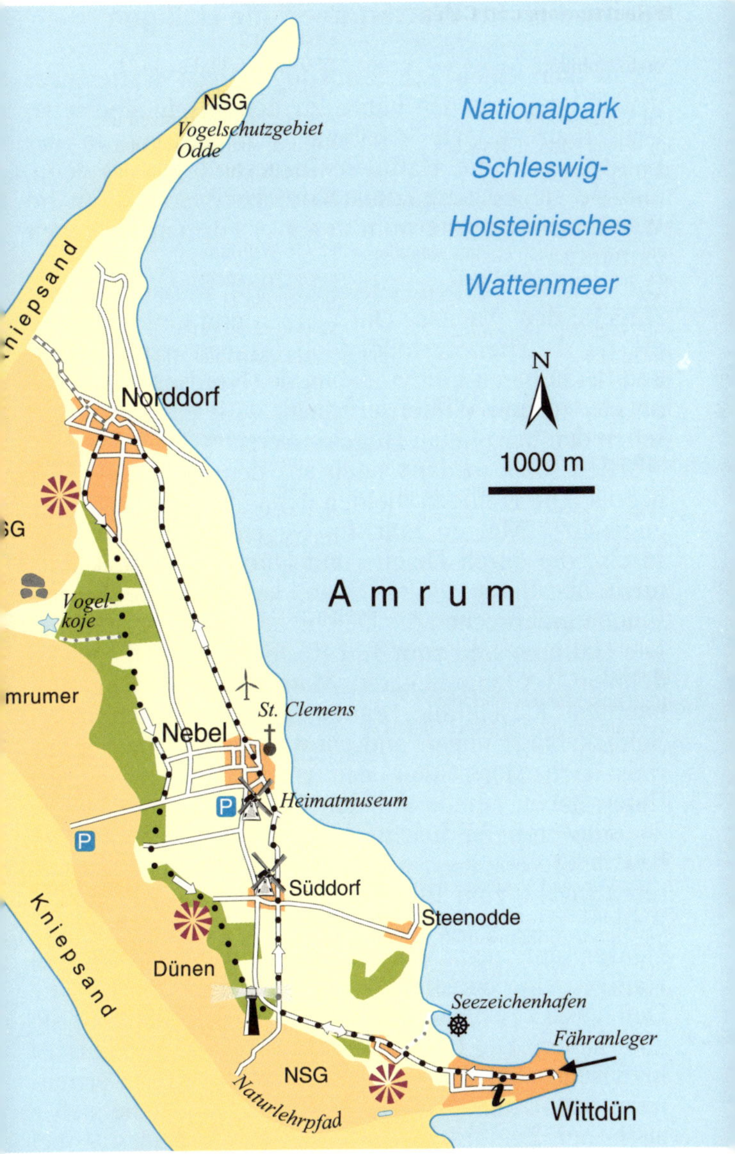
NSG
Vogelschutzgebiet
Odde
Nationalpark
Schleswig-
Holsteinisches
Wattenmeer
Kniepsand
Norddorf
N
1000 m
SG
Vogel-
koje
Amrum
mrumer
St. Clemens
Nebel
Heimatmuseum
P
P
Süddorf
Steenodde
Kniepsand
Dünen
Seezeichenhafen
Fähranleger
NSG
Naturlehrpfad
Wittdün
i

Kleinodien im Wattenmeer: die Halligen

Wenn man einen Schiffsausflug durchs Wattenmeer macht oder mit der Fähre zu den Inseln übersetzt, sieht man sie wie erhabene Wasserburgen in der Ferne liegen: die Halligen. Insgesamt gibt es zehn, und sie stellen eine landschaftliche Besonderheit im Wattenmeer dar, die wohl in dieser Form auf der Welt einmalig ist.

Die Häuser stehen auf künstlich aufgeschütteten Hügeln, den Warften. Die Weiden und Gräben sowie die die Warften verbindenden Straßen liegen tiefer, und bei höheren Fluten, die an der Nordsee besonders im Herbst und Winter auftreten, wird das Land zwischen den bewohnten Hügeln überschwemmt. Nur die Warften schauen dann noch aus dem Nordseewasser heraus. Die Halligen melden dann „Land unter" – bis zu sechzig Mal im Jahr. Im Gegensatz dazu werden Inseln, die durch Deiche und Dünen geschützt sind, nicht überflutet; es sei denn, katastrophale Sturmfluten durchbrechen die Deiche oder Dünenketten.

Die Halligen sind zum Teil Reste der ehemals ausgedehnten, umfangreicheren Marschlandschaft vor der heutigen Küstenlinie, einige sind aber auch durch Schlickablagerungen andernorts abgetragenen Materials nach Sturmfluten neu entstanden. Die Sturmfluten haben gerade auf den Halligen immer wieder zu schweren Verlusten geführt und viele Halligbewohner veranlasst, zum Festland und auf die sichereren Inseln, zum Beispiel nach Föhr, überzusiedeln. Andere sind wieder zurückgekehrt und haben ihre Häuser auf den Warften neu errichtet. Da den Halligen eine wichtige Wellenbrecherfunktion für die Deiche des Festlands zukommt, ist man bemüht, sie zu erhalten. Die Bewohner besitzen in ihren Häusern inzwischen einen auf massiven Betonpfeilern errichteten Schutzraum im Obergeschoss, in den sie sich – auch bei Zerstörung des übrigen Gebäudes – bei

Sturmfluten zurückziehen können. Die Halligen werden heute durch Steinböschungen und zum Teil durch niedrige Sommerdeiche vor weiterem Abtrag durch die Nordsee geschützt. Einige Halligen, wie Langeneß-Oland, Nordstrandischmoor oder die Hamburger Hallig, wurden durch Verbindungsdämme zum Festland zusätzlich gesichert.
Lebten die Halligbewohner früher vom Fisch- und Walfang sowie von der Landwirtschaft, so verdienen heute viele ihr Geld beim Küstenschutz als Angestellte der entsprechenden Landesbehörden. Auch der Fremdenverkehr ist zu einer wichtigen Einnahmequelle geworden.
Im Sommer schwappen heute weniger die Nordseefluten über den Halligrand als vielmehr die Touristenmassen und zahlreiche Tagesausflügler. Die Halligen sind aber noch immer eine kleine Welt für sich, in der man abseits des Tagestourismus jede Menge Ruhe finden und inmitten des Nationalparks Wattenmeer viele Naturerlebnisse genießen kann. Vielleicht motiviert ja ein kurzer und meist doch etwas hektischer Tagesbesuch dazu, einmal einen längeren Aufenthalt auf einer der Halligen einzuplanen. Dies lässt sich sogar mit ein wenig naturkundlichem und wattökologischem Unterricht verbinden: Die Schutzstation Wattenmeer bietet zum Beispiel mehrtägige Naturschutzseminare und Kurse in ihren Zentren auf Langeneß und Hooge an. Die jährlich im April/Mai stattfindenden Ringelganstage sind auf den Halligen zu einem wichtigen Event mit vielen naturkundlichen und kulturbezogenen Veranstaltungen geworden.
Einige der Halligen sind für den Besucherverkehr gesperrt oder nur mit besonderen Führungen zu betreten. So sind zum Beispiel die Halligen Habel und Norderoog reine Natur- und Vogelschutz-Eilande, die nicht dauerhaft bewohnt sind. Am bekanntesten sind die großen Halligen Langeneß und Hooge, zu denen auch von Föhr aus Ausflugsfahrten starten. Seit 2005

gehören die Halligen Gröde, Hooge, Langeneß, Nordstrandischmoor und Oland zur Biosphärenregion „Schleswig-Holsteinisches Wattenmeer und Halligen" und sind damit Teil des internationalen UNESCO-Programms „Der Mensch und die Biosphäre", bei dem weltweit Regionen ausgezeichnet werden, die sich durch ihre besondere Geschichte, Naturschätze oder Baudenkmäler hervorheben.

Hooge – die Königin der Halligen

Wenn man mit dem Ausflugsschiff den Fähranleger von Hooge ansteuert, sieht man bereits, warum diese Hallig schon einen guten Teil ihres Charakters eingebüßt hat: Ein Sommerdeich schützt die Hallig vor niedrigeren Fluten, sodass Hooge nur noch maximal fünf- bis zehnmal im Jahr überflutet wird. Hooge ist mit einer Fläche von 5,6 Quadratkilometern die zweitgrößte Hallig. Die etwa 100 bis 150 Einwohner verteilen sich auf neun bewohnte Warften.
Vom Anleger aus kann man per Kutsche, gemietetem Fahrrad oder zu Fuß die Hallig erkunden. Die meisten werden sich auf den Weg zur Hanswarft machen, wo es mehrere Restaurants, das naturkundliche Informationszentrum der Schutzstation Wattenmeer, ein Sturmflutkino, eine Hallig-Galerie, zwei Museen und das Touristikbüro gibt.
Doch wir machen zunächst, an der Backenswarft vorbei, einen kleinen Umweg zur Kirchwarft. Die Kirche wurde in den Jahren 1637 bis 1642 aus dem Material der 1634 durch eine große Sturmflut auf Alt-Nordstrand zerstörten Kirchen erbaut. Damals waren von 24 Kirchen Alt-Nordstrands 18 vernichtet worden, 6400 der 9000 Bewohner kamen bei der verheerenden Flut ums Leben. Sehenswert sind das Gestühl, das aus Holz geschnitzte Taufbecken von 1624 mit den vier Evangelisten und die Kanzel mit der Walfischtür von 1743. Der Sand- und Muschel-

Hooge ist die zweitgrößte und am dichtesten besiedelte der Nordfriesischen Halligen und wird von vielen Tagesausflüglern besucht.

grund unter dem Gestühl sorgt dafür, dass bei Fluten möglicherweise eingedrungenes Wasser schnell wieder nach unten versickern kann.

Auf der Hanswarft wird es für den Tagestouristen dann schwierig, in der Kürze der Zeit das gesamte Kultur- und Naturprogramm zu bewältigen. Der naturkundlich Interessierte wird sich bei der Schutzstation Wattenmeer über die Tier- und Pflanzenwelt informieren, der geschichtlich Interessierte kann dem Privatmuseum Hans von Holdt oder dem bekannten Königspesel einen Besuch abstatten. Diese nach einem Brand wiederaufgebaute Friesenstube vermittelt die Wohnkultur der Seefahrer im 18. Jahrhundert. Sehenswert sind die schönen holländischen Fliesen, der „Bileggerofen“ von 1669 sowie das Mobiliar. Der Name des Pesels erinnert daran, dass der dänische König Friedrich VI. im Jahr 1825 hier übernachtet hat, weil ungünstige Winde ihn an der Weiterfahrt gehindert haben.

Langeneß – die längste und größte der Halligen

Bei einer Breite von etwa ein bis zwei Kilometern erstreckt sich die Hallig Langeneß (lange Nase), die über die Nachbarhallig Oland einen Verbindungsdamm zum Festland besitzt, auf eine Länge von circa neun Kilometern und ist mit einer Fläche von 9,6 Quadratkilometern die größte der Nordfriesischen Halligen. Auf 18 Warften leben etwa 120 Einwohner. Ursprünglich lagen hier die drei Halligen Nordmarsch, Butwehl und Langeneß, die aber durch Schlickablagerungen allmählich zu einer großen Hallig zusammengewachsen sind.
Auf Langeneß kann man sich Fahrräder leihen oder mit dem Hallig-Express – offenen, von Traktoren gezogenen Hängern – fahren, der die Sehenswürdigkeiten der Insel ansteuert. Hierzu gehört die Kirche, die zusammen mit der Schule auf der Kirchwarft steht. Das 1894 erbaute Gotteshaus steht an der Stelle eines bereits 1725 errichteten Vorgängerbaus. Zur Innenausstattung gehören eine 1696 gestiftete Kanzel, ein Taufbecken aus dem späten 16. Jahrhundert, ein gemalter Flügelaltar, der 1670 von zwei Langeneßer Schiffern gestiftet wurde, und ein für die Insel- und Halligkirchen typisches, aufgehängtes Votivschiff.
Mehrere Museen hat Langeneß zu bieten. Neben der Friesenstube auf der Honkenswarft mit halligtypischem Mobiliar lässt sich im Kapitän-Tadsen-Museum und Gertsen-Haus auf der Ketelswarft das Halligleben in früheren Zeiten nachempfinden. Im Wattenmeerhaus auf der Peterswarft kann man sich naturkundliche Informationen besorgen. Hier werden auch Führungen ins Watt, Exkursionen, Dia-Vorträge sowie Kurse und Seminare organisiert. Nahe der Peterswarft ist ein Salzwiesen-Lehrpfad angelegt.

Die Hallig Langeneß, was so viel wie „lange Nase“ bedeutet, ist mit ihren 20 Warften und einer Fläche von über 900 Hektar die größte der Halligen Nordfrieslands.

Das Kapitän-Tadsen-Museum auf der Ketelswarft auf Langeneß gibt Einblicke in die einstige Wohnkultur der Halligbewohner.

Für den Tagesbesucher wird die Zeit nicht für alle Angebote reichen, aber auf dem Rückweg sollte man das naturkundliche Informationszentrum auf der Rixwarft besuchen. Hier informieren die Schutzstation Wattenmeer und das Nationalparkamt über die Tier- und Pflanzenwelt der Hallig und den Nationalpark.

■ Information

25859 Hooge:
Touristikbüro Hallig Hooge
Hanswarft
☎ 0 48 49/91 00; Fax 201
www.hooge.de

Schutzstation Wattenmeer
Wattenmeerhaus Hooge/Biggerhus
Hanswarft 2
☎ 0 48 49/91 00; Fax 90 99 17
Ganzjährige Unterkunft, Bildungs- und Seminarangebote, fachkundige Betreuung von Gruppen, Kurse und Informationszentrum; nähere Information auch bei der Rendsburger Geschäftsstelle (☎ 0 43 31/2 36 22)

25863 Langeneß:
Tourismusbüro für die Halligen Langeneß und Oland
Ketelswarft 3
☎ 0 46 84/2 17; Fax 2 89
www.langeness.de

Biosphären- und Nationalpark-Informationsräume
Rixwarft
Information bei der Schutzstation Wattenmeer und beim Nationalparkamt Tönning (☎ 0 48 61/61 60)

Wattenmeerhaus Langeneß
Schutzstation Wattenmeer
Peterswarft 2
☎ 0 46 84/2 16; Fax 95 20 53

■ Museen

25859 Hooge:
Privatmuseum Hans von Holdt
Hanswarft 10a
☎ 0 48 49/2 38 und 2 07
Täglich 11–16 Uhr

Königspesel
Hanswarft 11
☎ 0 48 49/2 19 und 2 59
Täglich nach Ankunft der Schiffe geöffnet

25863 Langeneß:
Friesenstube
Honkenswarft
☎ 0 46 84/2 60
Di. und Do. 10.30 Uhr und nach telefonischer Vereinbarung

Kapitän-Tadsen-Museum und Gertsen-Haus
Ketelswarft
☎ 0 46 84/2 17
31. März bis Okt. Mo.–Sa. 13.30 und 15.30 Uhr (Kapitän-Tadsen-Museum), Mo.–Fr. 11 Uhr (Gertsen-Haus) sowie nach Vereinbarung

■ Restaurants und Cafés

25859 Hooge:
Friesenpesel
Backenswarft 6
☎ 0 48 49/2 50
Nordfriesische Spezialitäten, musealer Friesenpesel aus dem 18. Jahrhundert, Terrasse mit Blick über die Hallig

T-Stube
Hanswarft 6a
☎ 0 48 49/2 89
Im Winter geschlossen.
Reiches Tee-Angebot, friesische Waffeln, hausgemachter Kuchen, auch deftige Gerichte

Zum blauen Pesel
Backenswarft 2
☎ 0 48 49/2 31
Hausgemachte Kuchen und Gebäck

25863 Langeneß:
Hilligenley
☎ 0 46 84/2 23
Hotel und Restaurant mit gutbürgerlicher Küche

Zum Festland – Husum, Niebüll, Tönning, Nolde-Museum

Auf dem Festland bieten sich dem Föhr-Urlauber zahlreiche Möglichkeiten für Tagesausflüge, aber auch für die An- oder Abreise zur Insel, ob per Bahn oder Auto, lassen sich interessante Zwischenstopps einlegen. Für Kunstinteressierte steht ein Besuch im Nolde-Museum sicher ganz oben auf der Liste der Festlandsausflüge. Von den Bahnhöfen in Niebüll, aber auch von Klanxbüll aus können wir eine Tour zum etwa sechs Kilometer entfernten Nolde-Museum starten, entweder mit dem eigenen Wagen auf dem gut ausgeschilderten Weg nach Seebüll, per Taxi, per Omnibus (Stationen Seebüll und Fischerhäuser) oder mit dem Fahrrad.

Emil Nolde, der eigentlich Emil Hansen hieß und sich später nach seinem Geburtsort Nolde benannte, wurde 1867 in der Nähe von Tondern geboren. Er zählt zu den führenden Malern des Expressionismus und gilt als einer der großen Aquarellisten in der Kunst des 20. Jahrhunderts. Im Jahr 1926 kaufte er wenige Kilometer von der dänischen Grenze entfernt eine Warft nebst einem benachbarten Bauernhof. In den Jahren 1927 bis 1937 ließ er das von ihm „Haus Seebüll" genannte burgartige Anwesen nach eigenen Entwürfen bauen. Es war Wohnhaus, Atelier, Bildersaal und auch Zufluchtsort, besonders während der Nazi-Herrschaft, als Noldes Bilder als „entartet" bezeichnet wurden und aus den Museen verschwanden. In der Zeit des Malverbots ab 1941 entstanden über 1300 kleinformatige Aquarelle.

Nach Noldes Tod wurde der reiche künstlerische Nachlass entsprechend seinem Testament als „Stiftung Seebüll Ada und Emil Nolde" der Öffentlichkeit zugänglich gemacht. Heute werden jährlich wechselnde Ausstellungen in Seebüll präsentiert, die einen interessanten Querschnitt durch das Werk des Künst-

Der Marktplatz von Husum – Heimatstadt des Dichters Theodor Storm – entstand 1807 vor der Marienkirche. Rechts der Tine-Brunnen, das heimliche Wahrzeichen der „grauen Stadt am Meer".

Das Nolde-Museum in Seebüll beeindruckt nicht nur durch die Kunstwerke Emil Noldes, sondern auch durch den gepflegten, blütenreichen Garten (unten).

lers bieten: Aquarelle, Gemälde, Grafiken, Kunsthandwerk usw.
Das hoch auf dem Hügel die Landschaft überragende, eigenwillige Gebäude liegt eingebettet in einen prächtigen Blumengarten, der vor allem im Spätsommer und Herbst jene Farbenpracht bietet, die der Maler so liebte und die ihn ebenso inspirierte wie die Eindrücke der umliegenden Landschaften.
In Dagebüll, von wo die Fähren zu den Inseln Föhr und Amrum übersetzen, kann man eine gut ausgeschilderte Deichwanderung unternehmen, auf der Tafeln über den alten Leuchtturm, das Schöpfwerk, die Lorenbahn nach Oland, die Kirche und den Hafen von Dagebüll, die Muschelfabrik und andere Sehenswürdigkeiten informieren. Die gesamte Rundwanderung dauert etwa zwei Stunden.
Niebüll passiert man als Bahnreisender nach Föhr immer; es ist vor Dagebüll die letzte Station und Umsteigebahnhof. Jeder Föhr-Urlauber kennt diesen Ort, meist allerdings nur von der Durchreise. Dabei hat der ruhige Luftkurort auch einige Sehenswürdigkeiten zu bieten. Für Kunstinteressierte gibt es das Richard-Haizmann-Museum für moderne Kunst. Neben dem Œuvre des Malers Richard Haizmann (1895–1963) werden in dem unter Denkmalschutz stehenden ehemaligen Rathaus von 1928 weitere Kunstwerke aus dem 20. Jahrhundert und Vorläufer der Moderne gezeigt. Für den an friesischer Kultur und Geschichte Interessierten hat Niebüll das Friesische Museum zu bieten, das in einem typischen, über 200 Jahre alten, uthlandfriesischen Langhaus untergebracht ist. Es vermittelt anschaulich die friesische Wohnkultur und Lebensweise aus der Zeit vor dem Ersten Weltkrieg. Der naturkundlich Interessierte hingegen kommt im Naturkundemuseum voll auf seine Kosten. Verschiedene Landschaftsausschnitte dokumentieren die typische Tier- und Pflanzenwelt Nordfrieslands. Allein 200 Vogelpräparate werden

gezeigt, hinzu kommen Säugetiere, Insekten, Schlangen, Muscheln usw. sowie ein lebendes Bienenvolk, Süß- und Salzwasser-Aquarien.
Auch das nahe Husum, Storms „graue Stadt am Meer", ist eine Reise bzw. einen Zwischenstopp bei der An- oder Abreise nach oder von Föhr wert. Als Theodor Storm (1817–1888), der bekannteste Sohn Husums, in dem Gedicht „Die Stadt" von der „seitab liegenden Stadt am grauen Strand und grauen Meer" schrieb, mag es ein trüber, nebliger Novembertag in Husum gewesen sein. Heute präsentiert sich die Stadt alles andere als grau und eintönig mit romantischen Gassen in der historischen Altstadt, quirligem Leben am Hafen und auf dem Marktplatz mit dem Tine-Brunnen sowie einem interessanten Angebot an Geschäften, Restaurants und Museen. Hinzu kommt das Schloss, einst Witwensitz, mit seinen Kaminen aus dem 17. Jahrhundert, Wechselausstellungen und Konzerten. Ein besonders prächtiges Bild bietet der anliegende Schlosspark im Frühjahr, wenn die vier Millionen Wildkrokusse den Park in ein Farbenmeer in Lila verwandeln.
Auf Storm stößt man allerorten in Husum: Geburts- und Elternhaus, Storm-Denkmal, Grab des Dichters sowie zahlreiche Gebäude und Plätze, die in den Novellen Storms beschrieben werden, sind zu entdecken. Ein guter Ausgangspunkt, um die Stadt auf den Spuren des Dichters zu erkunden, ist das Theodor-Storm-Zentrum. Das Alt-Husumer Bürgerhaus aus der Rokokozeit, in dem der Dichter von 1866 bis 1880 lebte, beherbergt zahlreiche Dokumente zum Leben und Schaffen Storms. Neben umfangreicher Bibliothek, Bild- und Handschriftenarchiven ist in dem Museum auch die Theodor-Storm-Gesellschaft untergebracht.
Neben dem erwähnten, 1577 bis 1582 erbauten Schloss vor Husum und dem Freilichtmuseum Ostenfelder Bauernhaus (15 Kilometer östlich der Stadt),

einem wohl kurz vor 1600 erbauten, niederdeutschen Fachhallenhaus, sind auch das Schiffahrtsmuseum und das NordseeMuseum Husum/Nissenhaus sehenswert. Das Nissenhaus ist ein Museum für die Stadt Husum und Nordfriesland, bei dem der Ausstellungsschwerpunkt auf den Themen Sturmfluten, Deichbau, Küstenschutz, aber auch Kunst, Kultur und Landschaft der Region liegt.
Informationen über Angebote und Besonderheiten im Nationalpark Wattenmeer erhält der Husum-Besucher im Nationalpark-Haus, in dem neben einer naturkundlichen Ausstellung die beiden Naturschutzverbände Schutzstation Wattenmeer und der World Wide Fund For Nature (WWF) für den Schutz des Wattenmeeres arbeiten. In dem angeschlossenen Weltladen können Bio-Produkte der Region und fair gehandelte Produkte aus der ganzen Welt erworben werden.
Wer noch ausführlichere und weitergehende Auskünfte zum Wattenmeer möchte, macht sich am besten auf in Richtung Tönning, wo im Nationalpark-Zentrum Multimar Wattforum die größte Informationsausstellung der Westküste zur Lebenswelt des Wattenmeeres und dessen Schutz zu finden ist. Zahlreiche Aquarien, darunter ein neues, 250 000 Liter fassendes Großbecken, interaktive Info-Areale, ein Ebbe-und-Flut-Becken, ein Pottwal in Lebensgröße und viele weitere Attraktionen machen den Besuch der Ausstellung für die ganze Familie zu einem ebenso unterhaltsamen wie lehrreichen Aufenthalt. Auch einen Spaziergang durch die idyllische Stadt an der Eider mit ihrem Marktplatz und dem Hafen mit dem großen Packhaus sollte man sich nicht entgehen lassen.

Information

25899 Dagebüll:
Tourist-Info Dagebüll
Am Badeteich 1
☎ 0 46 67/9 50 00
www.nordfrieslandtourismus.de

25899 Niebüll:
Tourist-Info Niebüll
Rathaus
☎ 0 46 61/94 10 15
www.nordfrieslandtourismus.de

25813 Husum:
Tourist-Information Husum/ Husumer Bucht
Großstraße 27
☎ 0 48 41/89 870
www.husum-tourismus.de

25832 Tönning:
Tourist-Information
Am Markt 1
☎ 0 48 61/6 14 20
www.toenning.de

Besichtigungen

25927 Neukirchen:
Nolde-Museum und Stiftung Seebüll
☎ 0 46 64/98 39 30
www.nolde-stiftung.de
März bis Nov. täglich 10–18 Uhr

25899 Niebüll:
Friesisches Museum
Osterweg 76
☎ 01 75/4 14 61 85
Juni bis Sept. 14–16 Uhr und nach Vereinbarung

Naturkundemuseum
Hauptstraße 108
☎ 0 46 61/56 91
April bis Okt.
Di.–So. 14–17.30 Uhr

Richard-Haizmann-Museum Museum für moderne Kunst
☎ 0 46 61/10 10
Di.–Fr. 11–16.30 Uhr, Sa. 10–12 Uhr, So. u. Feiertage 14–17 Uhr

25813 Husum:
NordseeMuseum Husum/ Nissenhaus
Herzog-Adolf-Straße 25
☎ 0 48 41/25 45
April bis Okt. täglich 10–17 Uhr, Nov. bis März Di.–So. 11–17 Uhr

Ostenfelder Bauernhaus
Nordhusumer Straße 13
☎ 0 48 41/25 45
April bis Okt. Di., Mi., Do. 13.30–17 Uhr

Schiffahrtsmuseum Nordfriesland
Zingel 5
☎ 0 48 41/52 57
Täglich 10–17 Uhr

Schloss vor Husum
König-Friedrich-V.-Allee
☎ 0 48 41/8 97 31 30
www.museumsverbund-nordfriesland.de
März bis Okt. Di.–So. 11–17 Uhr, Nov. bis Feb. Sa./So. 11–17 Uhr

Theodor-Storm-Zentrum
Wasserreihe 31–35
☎ 0 48 41/8 03 86 30
www.storm-gesellschaft.de
April bis Okt. So. u. Mo.
14–17, Di.–Fr. 10–17, Sa. 11–17
Uhr, Nov. bis März Di., Do., Sa.
14–17 Uhr

Nationalpark-Haus Hafen Husum
Hafenstraße 3
☎ 0 48 41/66 85 30
www.nationalparkhaus-husum.de
März bis Dez. Mo.–Sa. 10–18 Uhr,
So. und feiertags 14–18 Uhr,
Jan. und Feb. bis 17 Uhr

25832 Tönning:
Multimar Wattforum
Am Robbenberg
☎ 0 48 61/9 62 00
www.multimar-wattforum.de
April bis Okt. 9–19 Uhr,
Nov. bis März 10–17 Uhr

■ Restaurants

25927 Neukirchen:
Restaurant Seebüll
☎ 0 46 64/98 39 70
Das Restaurant des Nolde-Museums, auch Gästehaus mit Fremdenzimmern

25899 Niebüll:
Friesenhof
Bahnhofstraße
☎ 0 46 61/55 25
Frisch zubereitete Fleisch- und Fischspezialitäten

25813 Husum:
Drageth's Gasthof
Zingel 11
☎ 0 48 41/77 99 95
Gutbürgerliche Küche in Husums ältestem Gasthof, der 1582 erstmals erwähnt wird

Der besondere Tipp

Das einzigartige Naturerlebnis: eine Wattwanderung

Ein Ausflug in die weite, durch Wind und Wellen geformte Wattlandschaft ist nicht nur für den Urlauber aus dem Binnenland ein besonderes Erlebnis, sondern beeindruckt und fasziniert auch den Kenner, der schon viele Male durchs Watt gewandert ist, immer wieder aufs Neue. Der täglich zweimalige, durch Ebbe und Flut bedingte Wechsel von Trockenfallen und Überflutetwerden prägt diesen amphibischen Lebensraum, eine Naturlandschaft, die aufgrund ihrer Einmaligkeit, ihrer Bedeutung für den Naturhaushalt und wegen ihrer Gefährdung seit 1985 als Nationalpark ausgewiesen ist. Der ferne Horizont mit den hohen Wolken darüber, die besonderen Lichtspiegelungen sowie die Details dieser Landschaft mit den sich dahinschlängelnden Prielen, feinen Rippelmarken und Sandstrukturen auf der Wattoberfläche, aber auch die Beobachtung der spezifischen Lebewesen machen den besonderen Reiz einer Wattwanderung aus. Um die Organismenwelt und Ökologie dieses extremen Lebensraums zwischen Meer und Land besser kennenzulernen, aber auch wegen der nicht zu unterschätzenden Gefahren einer Wattexkursion auf eigene Faust empfiehlt es sich, an einer der zahlreichen angebotenen naturkundlichen Führungen teilzunehmen. Die Schutzstation Wattenmeer und andere Verbände sowie Privatpersonen bieten Wanderungen „auf den Spuren des Wattwurms“ an, die auch für Kinder interessant sind.

Die Tierwelt des Watts erschließt sich einem nicht auf Anhieb, da – abgesehen von der Miesmuschel und der Strandschnecke, die an der Wattoberfläche anzutreffen sind – die Muscheln, Krebse und Würmer ein eher verborgenes Leben im Wattboden führen. Wegen

der extremen Bedingungen an der Wattoberfläche mit der Gefahr der Verdriftung bei Flut sowie großen Temperatur- und Salzgehaltsunterschieden suchen die Wattorganismen die konstanteren Bedingungen des Wattbodens auf. Viele der im Boden lebenden Tiere kann der kundige Wattwanderer aber bereits leicht an ihren Oberflächenspuren erkennen, so zum Beispiel die kleinen schwarzen Kügelchen des Kotpillenwurms, die geweihförmigen Fraßspuren des Wattringelwurms, die verzweigten kleinen Tentakel des Bäumchenröhrenwurms oder die sternförmigen Fraßspuren von Pfeffermuschel und Baltischer Tellmuschel (auch Rote Bohne genannt), die dadurch entstehen, dass die Muscheln mit ihrer schlauchförmigen Verbindung zur Oberfläche diese nach Mikroorganismen regelrecht absaugen. Am bekanntesten indes sind die Sandhaufen des Wattwurms (auch Sandpier- und Köderwurm genannt), auf die jeder Wattwanderer früher oder später stößt. Bei genauem Hinsehen entdeckt man an der Oberfläche auch die dazugehörigen Trichter oder Löcher, an denen der bis zu 40 Zentimeter große Wurm den Sand in sich hineinfrisst, die darin befindlichen Nahrungsteilchen herausholt und später das nicht zu verwertende Sediment als Sandstrang wieder an die Oberfläche abgibt. So lebt dieses charakteristische Tier des Wattenmeeres in seiner U-förmigen Röhre und wartet auf die nächste Flut, die wieder neue Nahrungsstoffe an die Eingangsöffnung der Wohnröhre heranträgt.
Auf einer Wattführung wird man auch über viele andere Organismen Interessantes erfahren, wie über die Sandklaffmuschel, die manchmal Wasserfontänen aus dem Wattboden aufsteigen lässt, über den Schlickkrebs, der mit für das geheimnisvolle Wattknistern verantwortlich ist, oder über die zahlreichen Fisch- und Vogelarten, die sich vom Nahrungsreichtum der Watten ernähren. Auch freigespülte junge Herzmuscheln, die schnell versuchen, sich wieder einzu-

Vielfältige Sandstrukturen und mäandrierende Priele charakterisieren den dynamischen Wattenmeer-Lebensraum (oben).

Im Wattenmeer und am Spülsaum gibt es für naturkundlich Interessierte viel zu entdecken, zum Beispiel verschiedenartigste Muschelschalen und Seesterne (unten).

graben, seitlich davonrennende Strandkrabben, springende Garnelen, die in natura sandfarben und noch nicht rötlich sind (diese Farbe erhalten sie erst nach dem Kochen auf dem Krabbenkutter), Laichballen verschiedener Borstenwürmer oder gestrandete Quallen und Seesterne kann man mit etwas Glück finden. Zu entdecken gibt es genug und das, was man auf seiner Wattwanderung nicht gesehen hat, kann man in der Wattwerkstatt der Schutzstation Wattenmeer in Wyk oder in der Informationsausstellung des Nationalparkamts im Rathaus eingehend studieren. Kulturspuren, wie alte Brunnenringe, die auf die ehemalige Besiedlung des heutigen Wattenmeeres vor den großen Sturmfluten hinweisen, findet man in verschiedenen Bereichen. Der im Watt vor Großdunsum liegende Balckstein soll der Legende nach an der Stelle liegen, an der sich früher der durch Fluten vernichtete Ort Balckum befand.

Gefahren einer Wattwanderung

Die möglichen Gefahren eines Wattausflugs sollte man nicht unterschätzen, besonders wenn man sich weit vom Land entfernt. Am besten schließt man sich einer geführten Wanderung an. Auf jeden Fall sollte man sich über die Hoch- und Niedrigwasserzeiten (Gezeitenkalender) informieren und seine Wattwanderung am besten circa zwei Stunden vor Niedrigwasser beginnen. Nach dem niedrigsten Stand der Ebbe (Niedrigwasser) läuft das Wasser allmählich wieder auf, sodass man dann keine Priele (das Watt durchziehende Fließgewässer) mehr zwischen sich und dem Land haben sollte, da diese sich bei Flut zuerst füllen und einem leicht den Rückweg abschneiden können. Bei schlechtem Wetter, Dämmerung, Nebel oder Gewitter darf man sich auf keinen Fall im Watt aufhalten.

Wattwanderung nach Amrum

Obwohl die Wattwanderstrecke zwischen Föhr und Amrum während der Saison markiert ist, sollte man diese Tour nur unter kundiger Führung vornehmen. Neben einigen Privatpersonen bietet auch die Wyker Dampfschiffs-Reederei (W.D.R.) eine Wanderung von Föhr aus an. Die Wattführer sind geschulte, ortskundige und gut ausgerüstete Kenner der örtlichen Verhältnisse. Neben Kompass, Signalraketen, Funkgerät, Rettungsseil, Seekarte und Tidenkalender führen sie unter anderem auch Verbandsmaterial und Rettungsdecke mit. Die Wanderungen beginnen auf Föhr am Parkplatz in Großdunsum, der etwas nördlich des Schöpfwerks Föhr-West liegt. Hier sind die aktuellen Termine angeschlagen, die auch durch den monatlichen Veranstaltungskalender und die Föhr Tourismus GmbH in Erfahrung gebracht werden können. Einige Zeit bevor das ablaufende Wasser seinen niedrigsten Stand erreicht hat, geht es ins Watt hinaus auf das recht gut begehbare Sandwatt-Gebiet. Die etwa sechs Kilometer lange Strecke kann man in zwei Stunden leicht bewältigen. Die gegenüberliegende Insel Amrum, die etwas südlich der Seevogelwarte an der Amrumer Odde angesteuert wird, erscheint an Tagen mit guter Sicht zum Greifen nahe, aber wenn man sich dann auf den Weg macht, erkennt man, dass man solche Entfernungen leicht falsch einschätzt. Der wahre Wattkenner, der auch noch etwas für seine Füße tun will, geht natürlich barfuß. Zudem empfehlen sich Shorts oder eine Badehose unter der langen Hose, da kurz vor Amrum ein etwas tieferer Priel, wo das Wasser leicht bis zu den Oberschenkeln reichen kann, durchwatet werden muss. Auf Amrum kann man von Norddorf aus per Bus nach Wittdün und dann mit der Fähre wieder nach Wyk auf Föhr zurückfahren. Auch umfangreichere Touren, die noch eine Inselführung mit Wanderung auf Amrum einschließen, werden angeboten.

Nationalpark

Aufgrund ihrer herausragenden ökologischen Bedeutung als eines der letzten naturnahen Groß-Ökosysteme Mitteleuropas wurden die Wattbereiche Nordfrieslands und Dithmarschens von der dänischen Grenze bis zur Elbe im Juli 1985 als Nationalpark Schleswig-Holsteinisches Wattenmeer ausgewiesen. Mit einer Fläche von 441 500 Hektar ist dieser Nationalpark der größte Mitteleuropas. Er gehört zu einer ausgedehnten, zusammenhängenden Wattenlandschaft, die sich von Dänemark entlang der deutschen Nordseeküste bis nach Holland erstreckt. Die Wattbereiche Hamburgs und Niedersachsens sind ebenfalls als Nationalparks ausgewiesen.
Die wichtigste Aufgabe des Nationalparks ist es, den ungestörten Ablauf der Naturvorgänge zu sichern und den Lebensraum als Ganzes sowie die spezialisierte, artenreiche Tier- und Pflanzenwelt zu erhalten. Zugleich aber soll der Nationalpark der Allgemeinheit zugänglich sein, sofern es der Schutzzweck erlaubt. Dadurch und durch geeignete Informationsarbeit soll das Verständnis für die Besonderheit und Schutzwürdigkeit dieses einmaligen amphibischen Lebensraums geweckt werden.
Zur Fläche des Nationalparks gehören neben den Watten und Rinnen auch die Sände, Strandinseln, kleinere Halligen, Salzwiesen und die Bereiche der offenen Nordsee bis zur Westgrenze des Nationalparks. Die Inseln und größeren Halligen sind von der Nationalparkfläche ausgenommen. Die wertvollsten Bereiche sind als sogenannte Schutzzone 1 ausgewiesen, zu der vor allem wichtige Seehundbänke, Vogelrast- und Brutgebiete gehören. Hier gilt ein besonders

strenger Schutz. Im Norden Föhrs beginnt, 150 Meter von der Deichkrone entfernt, eine Schutzzone 1, die sich bis zum Hindenburgdamm erstreckt. Für die Verwaltung und Entwicklung des Nationalparks ist das ebenfalls seit 1985 bestehende Nationalparkamt zuständig, das seinen Sitz in Tönning hat.

Das Dr.-Carl-Häberlin-Friesen-Museum in Wyk auf Föhr

Durch einen Torbogen aus Walkieferknochen betritt man das Gelände des Friesen-Museums am Rebbelstieg in Wyk, das zu besuchen für den geschichtlich, kulturhistorisch und naturkundlich interessierten Föhr-Urlauber unbedingt zu empfehlen ist. Das bereits im Jahre 1908 bezogene Museum geht auf eine Initiative des 1902 gegründeten „Naturwissenschaftlich-kulturhistorischen Vereins“ zurück, der schon früh die Einrichtung eines Museums als eines seiner vorrangigen Ziele betrachtete. Zum 25-jährigen Vereinsjubiläum erhielt das Museum 1927 den Namen seines Gründers und Förderers Carl Häberlin, eines Schwaben, der 1902 auf die Insel gekommen war und sich neben seiner praktischen ärztlichen Tätigkeit und den meeresheilkundlichen Forschungen besonders um die Kulturgeschichte der Insel verdient gemacht hat.
Das Museum präsentiert unter anderem Räume zur Geologie und Vorgeschichte, die Versteinerungen sowie Funde aus der jüngeren Steinzeit, der Bronze- und Eisenzeit zeigen, wie beispielsweise Grabbeigaben, Gefäß- und Urnenfunde. Anhand des Modells einer „Salzbude“ wird die frühere Salzgewinnung aus Torf demonstriert.
In Raum 3 befinden sich viele Präparate von Meerestieren und Insekten, aber auch über die Pilzflora der Insel und die heimische Vogel- und Säugetierwelt

wird informiert. Ebenso interessant sind die anschaulichen Darstellungen der Fischerei, des Entenfangs und der Robbenjagd in früheren Zeiten. In der Abteilung über das Seebad Wyk und seine Entwicklung, das außer dänischen Königen nebst Gemahlinnen auch Hans Christian Andersen, Klaus Groth, Christian Morgenstern, Johann Strauß und Theodor Storm als Kurgäste begrüßen konnte, finden wir das Modell eines Badekarrens und das des 1879 abgebrannten Warmbadehauses.
Das Handwerk und die für Föhr so bedeutende Seefahrt mit Walfang und Handelsschifffahrt werden ebenfalls ausführlich dargestellt. Anhand verschiedener Gegenstände und Urkunden wird die Auswanderung in die USA in der Mitte des 19. Jahrhunderts und nach den beiden Weltkriegen dokumentiert. Eine komplette Nieblumer Goldschmiede in den originalen Abmessungen zeigt, wie unter anderem der Silberfiligranschmuck der Föhringer Tracht hergestellt wurde. Die Trachten der Insel, darunter die Feldarbeitstracht, die Festtags- und Trauertracht sowie kunstvolle Textil- und Handarbeiten, aber ebenso früherer Hausrat und Dokumente zu den Volksbräuchen haben ihren Platz im Museum. Zum Thema Schule und Hausbau werden Schülerarbeiten aus dem 19. Jahrhundert präsentiert, aber auch sehr hübsche Tableaus mit niederländischen Fliesen, Steintafeln vom Frontgiebel eines Nieblumer Friesenhauses, Bilder und Zeichnungen von Föhringer Friesenhäusern sowie ein Modell des Hauses Olesen aus Alkersum. Dieses Altföhringer Haus von 1617 – das älteste datierte Haus Nordfrieslands – wurde 1927 vor dem endgültigen Abriss bewahrt und von den Vereinsmitgliedern mithilfe öffentlicher Zuschüsse in Alkersum abgebrochen und auf dem Museumsgelände wieder aufgebaut. Es dokumentiert heute als kleines Freilichtmuseum die Lebens- und Wohnweise der ärmeren Bevölkerung in vergangenen Jahrhunderten. Es ver-

körpert den Grundtyp der uthlandfriesischen Bauweise; die Konstruktion ist ein Ständerbau, bei dem die Hauptlast des Dachs nicht auf den Außenmauern, sondern auf zwei Parallelreihen hölzerner Ständer ruht. Bei Sturmfluten konnten die Hausmauern zwar eingedrückt werden, aber das tragende Holzgrundgerüst blieb meist erhalten und diente so nicht nur der Rettung der Bewohner, sondern konnte auch als Grundkonstruktion für den Wiederaufbau oder zum Versetzen des Hauses an eine höhere, flutsicherere Stelle verwandt werden.
Unweit des Hauses Olesen stehen auf dem Gelände des Museums noch verschiedene landwirtschaftliche Geräte, eine Walfangharpune, Walknochen, mittelalterliche Steinsärge und eine kleine Bockwindmühle, die 1954 von der Hallig Langeneß-Nordmarsch hierher umgesetzt wurde. Die Midlumer Scheune aus dem 18. Jahrhundert und der Rosengarten mit über 70 verschiedenen Rosenpflanzen, durch den während der Blütezeit auch Führungen gemacht werden, sind in den vergangenen Jahren neu hinzugekommen.

■ Museum

25938 Wyk:
Dr.-Carl-Häberlin-Friesen-Museum
Rebbelstieg 34
☎ 0 46 81/25 71
www.friesen-museum.de
Mitte März bis Okt. Di.–So. 10–17 Uhr, Juli/Aug. auch Mo. geöffnet; Nov. bis März Di.–So. 14–17 Uhr, Führungen durch das Haus Olesen Do. 14.30–15.30 Uhr, Führungen durch das Haupthaus Mi. 11 Uhr

Föhr-Rundwanderung

Entfernung: 37 km; Dauer: gut 9 Stunden

Eine Wegbeschreibung für die Umrundung der Insel ist kaum nötig. Startet man am Wyker Hafen Richtung Norden, geht es bis zur anderen Seite Föhrs immer auf dem Deich entlang. Ab Utersum bleibt man stets am Strand und muss lediglich die Godelniederung bei Witsum umwandern.

Die Strecke ist eine Tagestour, die sich aber auch in einzelne Abschnitte aufteilen lässt, indem man nach der Hälfte oder kürzeren Teilstrecken mit dem Bus nach Wyk zurückkehrt. Auf den ersten 20 Kilometern entlang der Marsch gibt es keinerlei Einkehrmöglichkeiten und auch später muss man meist ein ganzes Stück vom Strand weggehen, um ein Café oder Restaurant zu finden. Zum Radfahren ist diese Tour kaum geeignet, da man am Strand nicht radeln kann, auf dem Deich ist es verboten und vor und hinter dem Deich ist der Weg zum Teil recht holprig; bei Regenwetter kann er zudem sehr matschig werden. An Himmelfahrt wird man so einige Wanderer auf der Strecke treffen, da an diesem Tag traditionell die Föhr-Rundwanderung für viele Insulaner und Besucher auf dem Programm steht. Ansonsten kann man über weite Strecken in Ruhe Wattenmeer, Wind, Wellen und Weite genießen und wird lediglich vom Gezwitscher der Feldlerchen und dem Gekliepe der Austernfischer begleitet und von den friedlich am Deich grasenden Schafen betrachtet.

Nach dem Wyker Hafen passieren wir auf dem Deich in Richtung Norden mit der Gaststätte „Klein Helgoland“ am Sportboothafen unsere letzte Einkehrmöglichkeit für den gesamten Weg an der Marsch entlang. Vom Deich aus können wir das Hinterland und auf der Seeseite das Wattenmeer gut überblicken, und es lohnt sich, das Fernglas für Vogelbeobachtungen mitzunehmen.

Vorbei an Vogelkojen und dem Windpark am Oevenumer Deich erreichen wir zur Rechten bald das Midlumer Vorland. Die Salzwiesen vor dem Deich gehören hier zur Schutzzone 1 des Nationalparks Schleswig-Holsteinisches Wattenmeer und dürfen nicht betreten werden. Zur Zugzeit im Frühjahr und Herbst sind die Salzwiesen während des Hochwassers wichtige Rastgebiete für große Schwärme von Watvögeln wie Knutt, Alpenstrandläufer, Pfuhlschnepfen und Kiebitzregenpfeifer. Auch größere Trupps von nordischen Ringel- und Weißwangengänsen kann man antreffen, die die Salzwiesen als Nahrungsgebiete nutzen. Die rastenden Vögel sollte man auf keinen Fall stören. Die Brutzeit der Seevögel dauert etwa von April bis Juli. In den Föhrer Salzwiesen brüten neben Austernfischern, Rotschenkeln, Säbelschnäblern, Möwen und Regenpfeifern auch Küsten-, Fluss- und Zwergseeschwalben. Hinter dem Deich in der Marsch brüten vor allem Kiebitze, Uferschnepfen und verschiedene Entenarten. Nähere Informationen zur Natur und Vogelwelt kann man beim Betreuer der Schutzstation Wattenmeer im Grünen Infowagen bekommen. Der Wagen steht jedes Jahr von Mai bis September beim Toftumer Vorland, etwas östlich vom Schöpfwerk Föhr-Mitte.

Nachdem wir das Schöpfwerk passiert haben, gelangen wir an Stellen, wo man das Vorland betreten darf. Schilder des Nationalparkamts weisen darauf hin. Störungen der Vogelwelt sind unbedingt zu vermeiden und die Pfahlreihen, die die Brutareale begrenzen, dürfen nicht überschritten werden. Am besten bleibt man hier während der Brutzeit dem Strand und den Salzwiesen fern, um die Vögel nicht aufzuschrecken. Auch vom Deich aus lässt sich das Gebiet gut überblicken.

Nachdem die Nachbarinsel Sylt mit ihren Dünen und dem Hörnumer Leuchtturm bereits geraume Zeit zu sehen war, kommt alsbald die Insel Amrum in Sicht

Auf dem Deich grasende Schafe trifft man bei Wanderungen und Radtouren entlang der Föhrer Nordküste immer wieder. Sie stabilisieren die Deiche, indem sie das Gras kurz halten und das Erdreich festtreten. Dahinter Windräder – die Windmühlen unserer Zeit.

und wir passieren den Parkplatz in Großdunsum, von dem aus die Wattwanderungen nach Amrum hinüber starten.
Am Utersumer Haus des Gastes verlassen wir den Deich. Dünen säumen nun unseren Weg und wir begeben uns an den Sandstrand, der hier bei Utersum durch eine Vielzahl von ins Meer hinausgebauten Buhnen gesichert wird.
Mit Blick auf Kiefernwälder, Dünen und Abbruchkanten geht es am Strand entlang weiter bis zur Godelniederung, wo der sonst an der Wattenmeerküste ausgesprochen seltene Typ der Lagunensalzwiese zu finden ist. Die Niederung ist mit ihren Salzwiesen, Dünen, Sandhaken und dem Flusslauf ebenfalls ein wichtiges Brutgebiet für Küstenvögel. An der Pfahlmarkierung gehen wir ein Stück ins Binnenland, können uns aber gleich rechts halten und bereits die nächste Möglichkeit nach der Niederung wieder rechts an den Strand zurückkehren. Wenn wir zunächst nicht nach rechts dem Radweg folgen, nachdem wir den Strand verlassen haben, sondern geradeaus nach Witsum gehen, erreichen wir nach etwa 600 Metern das Restaurant und Café „Klaar Kimming“. Bei hohen Wasserständen empfiehlt es sich, noch ein Stück weiter oberhalb des Strands bis Goting (siehe Wanderung Nieblum–Hedehusum) zu gehen, da einige Stellen dann nur schwer passiert werden können.
Weiter am Strand entlang erreichen wir bald die Stelle des Goting-Kliffs (mit Kliff-Café), auf der Höhe von Nieblum können wir im direkt am Strand gelegenen „Café am Wattenmeer“ einkehren. Mit herrlichem Blick aufs Meer und die Halligwelt erreichen wir bald, am Flugplatz vorbei, die ersten Häuser von Wyk.

■ Information

25938 Wyk:
Grüner Informationswagen der Schutzstation Wattenmeer
Auskunft am Bauwagen direkt oder über das Büro der Schutzstation Wattenmeer
☎ 0 46 81/13 13

■ Restaurants und Cafés

25938 Wyk:
Café Klein Helgoland
Am Wyker Yachthafen
Achtern Diek 14
☎ 0 46 81/7 47 16 73
Im Winter Dienstag Ruhetag. Selbst gebackener Kuchen, kleinere Gerichte, mit begrüntem Dach und schönem Blick aufs Meer

Das Pfannkuchen-Haus im Prinzen-Hof
Gmelinstraße 29
☎ 0 46 81/7 66
Riesenauswahl an Pfannkuchen, am Nordseepark, barrierefrei, märchenhafter Kaffeegarten

Bistro Café Bar Schapers
Promenade 20
☎ 0 46 81/58 0087 u. -88
Wein direkt vom Winzer, Blick auf Strand und Wattenmeer

25938 Witsum:
Klaar Kimming
Traumstraße 10
☎ 0 46 83/3 87
Dienstag Ruhetag, außerhalb der Saison geschlossen.
Besonders Fischgerichte, z. B. Meeräschen, schöne Terrasse

25938 Nieblum:
Café am Wattenmeer
Am Strand
☎ 0 48 61/29 14
Café mit kleineren Gerichten, direkt am Strand

25938 Goting:
Kliff-Café
Klafwai
☎ 0 48 61/36 60
Eisspezialitäten, Kuchen aus eigener Herstellung, Sommerterrasse mit Meerblick, Minigolf

Ruhezone 1
Schöpfwerk Föhr-Mitte
Grüner Infowagen
Oldsumer Vogelkoje
Dunsum
Schöpfwerk Föhr-West
Groß-dunsum
Klein-dunsum
Oldsum
Grat Kanal
Der Kanal
Süderende
Westerland
Utersum
Haus des Gastes
Hedehusum
Borgsumer Vogelkoje
Witsum
Borgsum
Godel
Goting
Nieblum
N
1,5 km

im Nationalpark Schleswig-Holsteinisches Wattenmeer
orland
Oevenumer Alte Vogelkoje
Ackerumer Vogelkoje
Oevenumer Neue Vogelkoje
Osterland
Boldixumer Vogelkoje
Midlum
Der Kanal
Oevenum
Alkersum
Wrixum
Lagelum Siel
Boldixum
Fähranleger
WYK auf Föhr
Bretland
Greveling
Südstrand
Kurpark

Anreise

Am bequemsten reist man mit der Bahn bis Dagebüll und von dort mit der Fähre nach Wyk (circa 45 Minuten). Mit dem Auto fährt man ebenfalls bis Dagebüll, lässt es dort auf dem Inselparkplatz stehen (kostenloser Shuttleservice zum Fähranleger) oder nimmt es per Autofähre mit auf die Insel (☎ 0 18 05/0 801 40, www.faehre.de).
Im Sommer besteht über den kleinen Wyker Flughafen auch ein Bedarfs-Liniendienst von und nach Hamburg und Westerland auf Sylt (→ Flugplatz).

AQUAFÖHR

→ Baden

Ausflugsfahrten

Die Nachbarinseln Amrum und Sylt, aber auch die Halligen (besonders Hooge und Langeneß) werden im Sommerhalbjahr regelmäßig angelaufen. Auch Abstecher zum Festland nach Dänemark, zum Nolde-Museum nach Seebüll oder nach Friedrichstadt, Husum und zum Multimar Wattforum in Tönning sind möglich. Fahrten zu den Seehundbänken, Piratenfahrten für Kinder und Seetierfang-Fahrten mit der Schutzstation Wattenmeer erfreuen sich großer Beliebtheit. Information bei der → Wyker Dampfschiffs-Reederei (W.D.R., ☎ 0 46 81/8 01 47).

Baden

Der 15 Kilometer lange Sandstrand an der Südküste Föhrs bietet viele Möglichkeiten: An einigen Strandabschnitten sind breite Wattbereiche vorgelagert, sodass man bei Niedrigwasser ein weites Stück hinausmarschieren muss, um ans Wasser zu gelangen. FKK-Strände gibt es in Wyk in der Nähe des Flugplatzes und in Nieblum beim Goting-Kliff. Hunde sind an den meisten Strandabschnitten nicht erlaubt. Hundestrände findet man in Wyk, Nieblum und Utersum. Einige Strandbereiche sind bewacht: In Wyk gibt es fünf DLRG-Rettungswachen (☎ 0 46 81/74 85 46), in Nieblum zwei (☎ 0 46 81/25 59) und in Utersum eine (☎ 0 46 83/3 46).
Das Meerwasserwellenbad AQUAFÖHR im Stockmannsweg 1 (☎ 0 46 81/30 48, www.aquafoehr.de) bietet ein reiches Angebot an Bademöglichkeiten mit Wasserrutsche, Wildwasserkanal, Wellenbad, Eltern-Kind-Bereich, Außenbecken usw. sowie angeschlossener Saunalandschaft, Gesundheits-, Thalasso-, Wellness- und Fitnesscenter.

Essen und Trinken

An der Küste gibt es ein reichhaltiges Angebot an Fisch- und Meeresfrüchte-Gerichten. Scholle, Seezunge, Aal und Matjes in vielen Variationen stehen in zahlreichen

Restaurants auf der Karte. Auch Hummer, Muscheln und Krabben, die man sich am besten frisch vom Kutter holt, werden vielerorts angeboten. Das Krabbenpulen kann man mit etwas Übung schnell erlernen. Hierzu muss man den Panzer der Garnele am zweiten Hinterleibsring drehen, das Kopfende abziehen und dann durch vorsichtiges Drehen und Ziehen das Hinterende vom Krabbenfleisch ablösen. Auch die Lammgerichte von den heimischen Salzwiesenschafen gehören zu den gerne bestellten Speisen. Weitere nordfriesische und norddeutsche Spezialitäten sind beispielsweise Aalsuppe, das Seemannsgericht Labskaus, Buttermilch- und Fliederbeersuppe und Weißkohlpudding, ein Auflauf aus Weißkohl und Hackfleisch. Bei kaltem Wetter wärmt man sich am besten bei einem Tee mit Köm, einem Grog oder dem bekannten Pharisäer, Kaffee mit Rum und Sahne. Am Nachmittag schmecken besonders Rote Grütze aus verschiedenen roten Beeren, Friesentorte oder Friesenwaffeln.

Fahrradverleih

Auf Föhr ist das Radfahren sehr beliebt. In der Hauptsaison ist es empfehlenswert, sich rechtzeitig ein Fahrrad vorzubestellen. Fahrradverleiher gibt es in Borgsum, Oevenum, Oldsum, Nieblum, Utersum, Wrixum und Wyk. Einige bieten den Service an, die Fahrräder zur Unterkunft zu bringen und am Ende des Urlaubs wieder abzuholen.

Fan-Club

Was jeder Popstar und Fußballverein besitzt, hat die Insel Föhr ebenfalls: einen Fan-Club. Der Club der Föhr-Freunde wurde 1998 gegründet. Infos bei der Föhr Tourismus GmbH, Feldstraße 36, 25938 Wyk, unter ☎ 0 46 81/30 26 oder der E-Mail: fanclub@foehr.de

Flugplatz

Am Südstrand, Wyk,
☎ 0 46 81/55 04 (Tower),
www.flugplatz-wyk.de
Charter- und Inselrundflüge sowie Taxiflüge, Westküstenflug
☎ 0 46 81/81 39

Friesisch

Noch etwa 1500 bis 2000 Föhringer sprechen Friesisch, eine eigenständige, westgermanische Sprache, die am ehesten dem Englischen verwandt ist. Die friesische Sprache, in der Föhr „Fering“ und Amrum „Öömrang“ heißt, wird auch in den Schulen unterrichtet. Regionale Vereine wie der „Öömrang Ferian“ (Amrumer Verein) beschäftigen sich mit der Sprach- und Brauchtumspflege auf den Inseln. Die Ferring-Stiftung in Alkersum fördert neben verschiedenen kleinen Sprachen vor allem die friesische Sprache und Kultur.

Geografische Daten

Umfang der Insel: 37 km (davon 22 km Deich); Fläche: 82 Quadratkilometer; Länge: 12 km; größte Breite: 8,5 km; geografische Lage: 54∞41,7' Nord/8∞34,7' Ost; höchste Erhebung: 13 m über N. N. (südlich von Oevenum); tiefster Punkt: 0,5 m unter N. N. (Oevenumer Marsch); Tidenhub: 2,8 m.

Gesundheit

Gesundheit, Erholung und Entspannung spielen auf Föhr eine wichtige Rolle. Das Gesundheitsprogramm der Insel geht von Massagen, Sauna, Atemtherapie, Krankengymnastik zu autogenem Training, Thalassotherapie, Meerwasserbädern, Schlickpackungen und Meerwasser-Inhalationen. Medizinische Erhebungen belegen die besonders hohen Kurerfolge auf Föhr.

Hunde

Außer auf den ausgewiesenen Hundeständen in Wyk, Nieblum und Utersum besteht für Hunde ein ganzjähriges Strandverbot. Auf der ganzen Insel müssen Hunde, besonders zum Schutz brütender und rastender Vögel, an der Leine geführt werden.

Jugendherbergen

Amrum: Obere Wandelbahn 9, 25940 Wittdün, ☎ 0 46 82/20 10, Fax 17 47
Föhr: Fehrstieg 41, 25938 Wyk, ☎ 0 46 81/23 55, Fax 55 27

Kinder

Föhr gilt als besonders kinderfreundliche Insel. Die meisten Unterkünfte und Gaststätten sind auf die besonderen Bedürfnisse von Kindern ausgerichtet. Der flache, feinsandige Strand und die mäßige Brandung sind für Kinder gut geeignet. Urlaub auf dem Bauernhof, ein reichhaltiges Kinder-Programm, Babysitter-Dienste usw. sind weitere sommerliche Angebote für einen kinderfreundlichen Urlaub. Beliebt sind auch die Fahrten mit der Amrumer Inselbahn oder dem Föhrer Friesenexpress sowie ein Besuch des Fun- und Spielparks in Wyk oder des Amrumer Abenteuerlands im Norddorfer Gewerbegebiet.

Kinos

Filmtheater Wyk
Sandwall 40
☎ 0 46 81/13 33
Programmansage ☎ 36 63

Kino Lichtblick
Triihuk 1
24946 Norddorf/Amrum
☎ 0 46 82/9 62 00

Märkte

Fischmarkt am Hafen in Wyk
Im Sommer So. 10–15 Uhr
Bauernmarkt auf dem Rathausplatz in Wyk
Im Sommer Mi. und Sa. 9–12 Uhr
Dorfmarkt Oevenum
Im Sommer Do. 10–12.30 Uhr

Multimar Wattforum

Die Erlebnisausstellung in Tönning informiert anschaulich über das Wattenmeer, den Nationalpark und das Wasserland Schleswig-Holstein. 38 Großaquarien, darunter ein neues, 250 000 Liter Meerwasser fassendes Becken mit Panoramascheibe zeigen die Bewohner der heimischen Meeresregion, besonders des Wattenmeeres, Multimedia-Elemente und Spiele machen den Besuch zu einem Erlebnis für die ganze Familie. Im Jahr 2003 ist eine 600 qm große Dauerausstellung über Wale hinzugekommen. Am Robbenberg, 25832 Tönning, ☎ 04861/96 200, www.multimar-wattforum.de, geöffnet 1. April bis 31. Okt. 9–19 Uhr, 1. Nov. bis 31. März 10–17 Uhr.

Museen

25938 Alkersum:
Museum „Kunst der Westküste“
Hauptstraße 1
☎ 0 46 81/7 47 40-0
www.mkdw.de
Öffnungszeiten: März bis Sept. Di.–So. 10–17, Do. 10–20 Uhr, Okt. bis 14. Jan. Di.–So. 12–17 Uhr, 15. Jan. bis Feb. geschlossen

25859 Hooge:
Königspesel
Hanswarft 11
☎ 0 48 49/2 19 und 2 59
Täglich nach Ankunft der Schiffe geöffnet

Privatmuseum Hans von Holdt
Hanswarft 10a
☎ 0 48 49/2 38 und 2 07
Täglich 11–16 Uhr

25813 Husum:
NordseeMuseum Husum/Nissenhaus
Herzog-Adolf-Straße 25
☎ 0 48 41/25 45
April bis Okt. täglich 10–17 Uhr, Nov. bis März Di.–So. 11–17 Uhr

Ostenfelder Bauernhaus
Nordhusumer Straße 13
☎ 0 48 41/25 45
April bis Okt. Di., Mi., Do. 13.30–17 Uhr

Schiffahrtsmuseum Nordfriesland
Zingel 5
☎ 0 48 41/52 57
Täglich 10–17 Uhr

Schloss vor Husum
König-Friedrich-V.-Allee
☎ 0 48 41/8 97 31 30
www.museumsverbund-nordfriesland.de
März bis Okt. Di.–So 11–17 Uhr, Nov. bis Feb. Sa./So. 11–17 Uhr

Theodor-Storm-Zentrum
Wasserreihe 31–35
☎ 0 48 41/8 03 86 30
www.storm-gesellschaft.de
April bis Okt. So. und Mo. 14–17, Di.–Fr. 10–17, Sa. 11–17 Uhr, Nov. bis März Di., Do., Sa. 14–17 Uhr

25863 Langeneß:
Friesenstube
Honkenswarft
☎ 0 46 84/2 60
Di. und Do. 10.30 Uhr sowie nach Bedarf, Gruppenanmeldung erbeten

Kapitän-Tadsen-Museum und Gertsen-Haus
Ketelswarft
☎ 0 46 84/2 17
31. März bis Okt. Mo.–Sa. 13.30 und 15.30 Uhr (Kapitän-Tadsen-Museum), Mo.–Fr. 11 Uhr (Gertsen-Haus) sowie nach Vereinbarung

25946 Nebel/Amrum:
Heimatmuseum
In der Mühle
Ualjaat 4
☎ 0 46 82/15 12 und 8 72
Täglich 11–17 Uhr

Öömrang Hüs
Historisches Friesenhaus
Waaswai 1
☎ 0 46 82/41 53
Mo.–Sa. 15–17 Uhr, im Sommer auch Mo.–Fr. 10.30–12.30 Uhr

25927 Neukirchen:
Nolde-Museum und Stiftung Seebüll
☎ 0 46 64/98 39 30
www.nolde-stiftung.de
März bis Nov. täglich
10–18 Uhr

25899 Niebüll:
Friesisches Museum
Osterweg 76
☎ 01 75/4 14 61 85
Juni bis Sept. 14–16 Uhr
und nach Vereinbarung

Naturkundemuseum
Hauptstraße 108
☎ 0 46 61/56 91
April bis Okt.
Di.–So. 14–17.30 Uhr

Richard-Haizmann-Museum
Museum für moderne Kunst
☎ 0 46 61/10 10
Di.–Fr. 11–16.30 Uhr, Sa. 10–12 Uhr, So. und Feiertage 14–17 Uhr

25938 Oevenum:
Landwirtschaftliches Museum „Das Leben auf dem Lande"
Buurnstrat 48
☎ 0 46 81/26 73
Di.–So. 14–17 Uhr und nach Vereinbarung

25838 Oldsum:
Stelly's Hüüs
Museum, Café und Töpferei
Haus Nr. 38, ☎ 0 46 83/3 06
Im Winter Montag und Dienstag Ruhetag, sonst täglich 14–18 Uhr

25938 Wyk:
Dr.-Carl-Häberlin-Friesen-Museum
Rebbelstieg 34
☎ 0 46 81/25 71
www.friesen-museum.de

Mitte März bis Okt. Di.–So. 10–17 Uhr, Juli/Aug. auch Mo. geöffnet, Nov. bis März Di.–So. 14–17 Uhr, Führungen durch das Haus Olesen Do. 14.30–15.30 Uhr, Führungen durch das Haupthaus Mi. 11 Uhr

Nationalpark „Schleswig-Holsteinisches Wattenmeer"

Seit dem Jahr 1985 existiert im schleswig-holsteinischen Wattenmeer zwischen Elbe und dänischer Grenze der größte Nationalpark Mitteleuropas. Die ursprüngliche Fläche von 285 000 Hektar wurde mit einem neuen Nationalparkgesetz 1999 vor allem durch ein Walschutzgebiet in der offenen Nordsee vor Sylt auf eine Fläche von 441 000 Hektar erweitert. Ebbe und Flut prägen hier einen amphibischen Lebensraum, der mit seiner an die extremen Lebensverhältnisse angepassten Tier- und Pflanzenwelt zu den letzten großflächigen Naturlandschaften Mitteleuropas gehört. Neben dem Nationalparkamt, das für die Verwaltung und Entwicklung des Nationalparks zuständig ist und ein Netz von Informationszentren im gesamten Wattenmeer unterhält, bemühen sich diverse Naturschutzverbände um den Erhalt und Schutz des Wattenmeeres. Besonders zu erwähnen sind hierbei die Schutzstation Wattenmeer mit ihren vielen Informationszentren und einem breiten Kurs-, Bildungs- und Informationsangebot sowie die Umweltstiftung WWF-Deutschland mit ihrem Projektbüro in Husum, die auch im internationalen Wattenmeerschutz engagiert ist. Das Wattenmeer der schleswig-holsteinischen Küste ist zudem als „Biosphärenreservat Schleswig-Holsteinisches Wattenmeer und Halligen" von der UNESCO anerkannt. Eine Auszeichnung als „Weltnaturerbe" (zusammen mit Niedersachsen und den Niederlanden) ist beantragt.

Landesamt für den Nationalpark Schleswig-Holsteinisches Wattenmeer
Schlossgarten 1
25832 Tönning
☎ 0 48 61/61 60; Fax 6 16-64
www.wattenmeer-nationalpark.de

Naturschutzgesellschaft Schutzstation Wattenmeer e. V.
Grafenstraße 23
24768 Rendsburg
☎ 0 43 31/2 36 22
www.schutzstation-wattenmeer.de

Wattenmeerbüro WWF-Deutschland
Hafenstraße 3
25813 Husum
☎ 0 48 41/66 85 51
www.wwf.de/wattenmeer

Natur- und Umweltschutz

Er spielt auf Föhr eine große Rolle und es gibt zahlreiche Bemühungen, die nachhaltige Entwicklung auf der Insel voranzutreiben, z. B. durch

Abfallvermeidung, Energieeinsparung, Bevorzugung umweltfreundlicher Verkehrsmittel, Abwasserreinigung und Förderung von Naturschutzprojekten. Die Schutzstation Wattenmeer mit ihrer Wattwerkstatt in Wyk, das Informationszentrum des Nationalparkamts und verschiedene Naturschutzverbände bemühen sich um Umweltbildung und naturkundliche Information. Eine Fülle von Veranstaltungen wie Führungen und Kutterfahrten, Wattwanderungen, Vorträge und Seminare bieten die Möglichkeit, sich mit der Natur der Inseln und des Wattenmeeres vertraut zu machen.

25938 Wyk:
Schutzstation Wattenmeer
Wattwerkstatt „Watt & Meer“
Badestraße 111
☎ 0 46 81/13 13

Nationalpark-Zentrum Föhr
Rathaus (2. Obergeschoss)
Hafenstraße 23
☎ 0 46 81/42 90
www.npz-foehr.nationalparkservice.de

25938 Midlum:
fering natüür
Mühlenweg 10
☎ 0 46 81/34 68

BUND Inselgruppe Föhr
Mühlenweg 10
☎ 0 46 81/46 20
www.bund-foehr.de

Radfahren und Wandern
Auf Föhr und Amrum gibt es ein gut ausgebautes und beschildertes Rad- und Wanderwegenetz. Ein Teil der Touren führt über Wirtschaftswege, auf denen man als Radfahrer dem landwirtschaftlichen Verkehr den Vorrang lassen und Platz machen sollte.
Eine von der Tourist-Information herausgegebene Karte zeigt fünf verschiedene, ausgearbeitete Routen für Radfahrer über die Insel (Symbole: Kreis, Dreieck, Raute, Quadrat, Stern); eine weitere, 36 km lange Tour „Mit Fiete Föhr erkunden“ erklärt anhand von Schildern und Hinweisen zudem die Sehenswürdigkeiten und Besonderheiten der Insel. Die Fähren transportieren auch Fahrräder.

Schiffsfahrten
→ Ausflugsfahrten

Schleswig-Holstein Musik Festival (SHMF)
Für alle Liebhaber und Kenner klassischer Musik ist das SHMF das kulturelle Sommer-Highlight im Norden. Über das ganze Land verteilt finden hochklassige Konzerte in Kirchen, Scheunen, Herrenhäusern und Konzertsälen statt. Auf Föhr kann man unter anderem Konzerte in den Kirchen von Nieblum und Wyk-Boldixum besuchen.

Verein Schleswig-Holstein Musik Festival e. V., Parade 1, 23552 Lübeck, ☎ 04 51/3 89 5748/49, Fax: 3 89 5757; Kartenzentrale SHMF, Postfach 3840, 24037 Kiel, ☎ 04 31/57 04 70, Fax: 5 70 47 47, E-Mail: bestellung@shmf.de www.shmf.de

Sport

Golf: 27-Loch-Platz des Golf-Clubs Föhr e. V., Grevelingstieg 6, Nieblum, ☎ 0 46 81/58 04 55

Tennis: Tennishalle in Wyk, Rugstieg, ☎ 04681/37 47; TSV-Föhr West in Süderende, ☎ 0 46 83/3 77; Tennisplatz in Wyk, Waldstraße, ☎ 0 46 81/37 47; in Nieblum, Heidweg 17, ☎ 0 46 81/35 54

Reiten: Lerchenhof am Südstrand in Wyk,☎ 0 46 81/443 3; Cornelius Jacobs, Nieblumweg in Alkersum, ☎ 0 46 81/37 15; Reitstall Christiansen in Alkersum, ☎ 0 46 81/39 67; Rumpp-Hof in Alkersum, ☎ 0 46 81/41 45; Fam. Severin, Grevelingstieg, Nieblum, ☎ 0 46 81/5 91 84

Windsurfen und Segeln: in Wyk M. Schaper (☎ 0 46 81/58 00 88); in Nieblum D. Hückstädt (☎ 0 46 81/35 66, sowie am Strand 47 66); in Utersum P. Schaper (☎ 0 46 81/7 47 19 76); Sportboothafen, Hafenamt der Stadt Wyk (☎ 0 46 81/50 04 30)

Auch viele andere Sportarten wie Aerobic, Angeln, Badminton, Fußball, Inline-Skating, Kegeln, Nordic Walking, Radfahren, Squash, Schießen, Walking, Beach-Volleyball und andere sind möglich, Infos bei den Tourist-Informationen.

Tourist-Informationen und Tourismusverbände

25899 Dagebüll:
Tourist-Info Dagebüll
Am Badeteich 1
☎ 0 46 67/9 50 00
www.nordfrieslandtourismus.de

25859 Hooge:
Touristikbüro Hallig Hooge
Hanswarft
☎ 0 48 49/91 00; Fax 2 01
www.hooge.de

25806 Husum:
Nordsee-Tourismus-Service GmbH
Postfach 1611
☎ 0 18 05/06 60 77
www.nordseetourismus.de

25863 Langeneß:
Tourismusbüro
Ketelswarft 3
☎ 0 46 84/2 17; Fax 2 89
www.langeness.de

25938 Nieblum:
Gästeservice, Föhr Tourismus GmbH
Dörpshus, Poststraat 2
☎ 0 46 81/25 59 und 0 46 81/3 00
www.foehr.de

25899 Niebüll:
Tourist-Info Niebüll
Rathaus
☎ 0 46 61/94 10 15
www.nordfrieslandtourismus.de

25832 Tönning:
Tourist-Information
Am Markt 1
☎ 0 48 61/6 14 20
www.toenning.de

25938 Utersum:
Gästeservice Utersum der Föhr Tourismus GmbH
im Haus des Gastes
Klaf 2
☎ 0 46 83/3 46 und 0 46 81/3 00
www.foehr.de

25942 Wittdün/Amrum:
Amrum Touristik
Am Fähranleger
☎ 0 46 82/9 40 30; Fax 94 03 20
www.amrum.de

25938 Wyk:
Tourist-Informationen der Föhr Tourismus GmbH
W.D.R.-Servicegebäude:
Am Fähranleger
Veranstaltungszentrum:
Sandwall 38
AQUAFÖHR:
Stockmannsweg 1
Gemeinsame Service-Rufnummer:
☎ 0 46 81/3 00
E-Mail: urlaub@foehr.de
www.foehr.de

Trachten

Zu besonderen Festlichkeiten, zum Beispiel zur Konfirmation, legen die Frauen und Mädchen auf Föhr auch heute noch gerne ihre Festtagstracht an: ein schwarzes Kleid mit weißer Schürze und kostbarem Silberschmuck sowie einer bestickten Haube. Eine schöne Sammlung verschiedener Trachten, zu der auch die Alltags- und Trauertracht gehören, kann man im Friesen-Museum in Wyk besichtigen. Sommerliche Veranstaltungen der Trachtengruppen sollte man sich nicht entgehen lassen.

Veranstaltungen und Feste

Einer der wichtigsten friesischen Bräuche ist das Biike-Brennen am 21. Februar, bei dem in ganz Nordfriesland an den Stränden der Winter mit großen Feuern vertrieben wird. Mit warmen Getränken und Grünkohlessen trotzt man der Kälte.
Am Himmelfahrtstag findet traditionell die Rund-Föhr-Wanderung statt, mit 37 Kilometern ist sie eine ganz beachtliche Tagestour.
Am 21. Juni werden Feste zur Sonnenwende veranstaltet, auf Amrum mit Strandfeuer, Blasmusik und Vorführungen der Trachtengruppe.
Der traditionelle herbstliche Jahrmarkt in Wyk lockt nicht nur viele Insulaner an, sondern auch zahlreiche Besucher vom Festland. Das Thamsen am 21. Dezember ist vor

allem für Kinder und Jugendliche ein Spaß, werden doch hierbei allerlei nicht befestigte Gegenstände um die Häuser herum versteckt. Zu Silvester ziehen Gruppen verkleideter Kinder und Erwachsener von Haus zu Haus und werden für die Glückwünsche zum neuen Jahr mit Süßigkeiten und anderem belohnt.
Sehr empfehlenswert sind Konzertbesuche in den alten Inselkirchen (→ Schleswig-Holstein Musik Festival), sommerliche Vorstellungen der Trachtengruppen oder Wettkämpfe der Ringreiter, wobei die Reiter aufgehängte kleine Ringe im Galopp mit ihren Lanzen treffen müssen. Auch das Gauklerfest, die Piratenwoche für Kinder, das Jazz-Festival, der Föhrer Literatursommer, das Hafenfest, die Halloween-Party, der Föhr-Triathlon und der Wyker Stadtlauf gehören zu den etablierten Veranstaltungen auf der Insel. Monatliche Veranstaltungskalender der Tourismus-Verbände informieren über die Kultur-, Sport- und Freizeitangebote auf Föhr.

Wattwandern

Die Schutzstation Wattenmeer, andere Naturschutzverbände und Einzelpersonen bieten während des Sommers zahlreiche Wattführungen, auch für Kinder, an. Wegen der möglichen Gefahren einer Wattwanderung sollte der Unkundige sich nicht zu weit ins Watt hinaus wagen und an den angebotenen Führungen teilnehmen. Bei einer geführten Wanderung erfährt man zugleich einiges über die Ökologie sowie die Tier- und Pflanzenwelt des Wattenmeeres. Neben der schon klassischen Wattwanderroute von Föhr nach Amrum werden zu einigen Terminen auch geführte Wanderungen von Föhr zum Festland und von Dagebüll über die Hallig Oland zur Hallig Langeneß angeboten.

Wyker Dampfschiffs-Reederei (W.D.R)

Die 1885 gegründete Insel-Reederei unterhält ganzjährig die beiden Fährlinien Dagebüll – Föhr – Amrum und Schlüttsiel – Hooge – Langeneß – Amrum, führt zahlreiche Ausflugsfahrten und Wanderungen durch und betreibt auch den Busverkehr auf Föhr und Amrum. Am Fähranleger 1, 25938 Wyk, ☎ 0 18 05/08 01 40 (bundesweite Service-Nr.), ☎ 0 18 01/93 79 37 (inselweite Service-Nr.), ☎ 0 46 81/80-1 47 (Ausflugsfahrten), E-Mail: info@faehre.de www.faehre.de

Zimmervermittlung

Unterkünfte auf Föhr werden vermittelt unter der inselweiten Service-Nummer ☎ 0 46 81/3 00 (Föhr Tourismus GmbH), bei den Gästeservice-Einrichtungen und Tourist-Informationen, unter www.foehr.de oder per E-Mail: urlaub@foehr.de

Seitenzahlen, die mit einem zusätzlichen (R) oder (W) versehen sind, verweisen auf eine Rad- bzw. Wandertour.

Literatur

Banck, C. (2008): Sylt, Föhr, Amrum. DuMont, Ostfildern, 240 S.

Dobrick, B. (2008): Amrum/Föhr, Pellworm, Nordstrand, Halligen. MairDumont, Ostfildern, 123 S.

Hanewald, R. (2007): Insel Föhr. Know-How Verlag, Bielefeld, 204 S.

Hansen, K. (2002): Kreuz & quer durch Wyk auf Föhr. Norden Media, Föhr, 96 S.

Jessel, H. (1994): Nordfriesland. Ellert & Richter, Hamburg, 2. Aufl., 233 S.

Kürtz, J. & Kürtz, H. J. (2000): Föhr. Ellert & Richter, Hamburg, 2. Aufl., 96 S.

Kutzer, H. (1999): Föhr – Ein Lesebuch. Husum Druck- und Verlagsgesellschaft, Husum, 120 S.

Landesamt für den Nationalpark Schleswig-Holsteinisches Wattenmeer & Umweltbundesamt (1998): Umweltatlas Wattenmeer. Bd. 1: Nordfriesisches und Dithmarscher Wattenmeer. Ulmer. Stuttgart, 270 S.

Nerong, O. C. (1903): Die Insel Föhr. Selbstverlag, neu herausgegeben vom Verlag Schuster, Leer, 1980, 240 S.

Quedens, G. (2005): Föhr. Breklumer Druckerei, Breklum, 17. Aufl., 144 S.

Reinke, H.-D. (1998): Ein friesisches Dorf verändert sich – Oldsum auf Föhr – ein Porträt. In: Nordfriesland 121, S. 19–25

Stock, M., Bergmann, H.-H. & Zucchi, H. (2007): Watt – Lebensraum zwischen Land und Meer. Verlag Boyens & Co., Heide, 188 S.

Zacchi, U. & Pump, G. (2000): Wyk auf Föhr – Das älteste Seebad an Schleswig-Holsteins Küste. Westholsteinische Verlagsanstalt Boyens, Heide, 80 S.

Karten

Insel Amrum – Insel Föhr 1:25 000, Wander- und Freizeitkarte des Landesvermessungsamtes Schleswig-Holstein, Kiel.

Amrum, Föhr, Langeneß im Nationalpark Schleswig-Holsteinisches Wattenmeer 1:40 000. Kompass Karten, Innsbruck.

Weitere aktuelle Karten, auch mit Rad- und Wandertouren sind bei den Tourist-Informationen, Gästeservice-Einrichtungen und Kurverwaltungen erhältlich.

Hans-Dieter Reinke, geb. 1959; Schulbesuch im niedersächsischen Bad Zwischenahn. Zivildienst bei einem Naturschutzverein, wo er den ersten Kontakt zum Wattenmeer und den anderen Landschaften Schleswig-Holsteins hatte. Nach dem Studium der Biologie in Tübingen und Kiel Mitarbeit als Biologe in der „Ökosystemforschung Wattenmeer“ in den Salzwiesen des Nationalparks. Daneben journalistische und fotografische Tätigkeit für Naturschutzvereine und Zeitschriften, wobei neben naturkundlichen Darstellungen besonders Aspekte des Natur- und Umweltschutzes im Mittelpunkt stehen. Zur Zeit wissenschaftlicher Mitarbeiter im „Zukunftszentrum Mensch–Natur–Technik–Wissenschaft (ZMTW) in Nieklitz, Westmecklenburg.

Bibliografische Information der Deutschen Bibliothek
Die Deutsche Bibliothek verzeichnet diese Publikation in der Deutschen Nationalbibliografie; detaillierte bibliografische Daten sind im Internet über <http://dnb.ddb.de> abrufbar.

ISBN 978-3-8319-0385-6

Text und Bildlegenden: Hans-Dieter Reinke, Rodenbek
Gestaltung: Büro Brückner + Partner, Bremen
Lithografie: Griebel-Repro, Hamburg; edelweiß publish, Hamburg
Gesamtherstellung: Offizin Andersen Nexö Leipzig GmbH
Fotos: Hans-Dieter Reinke, Rodenbek
außer:
Hans Joachim Kürtz, Kiel: Titelfoto (Friesenhaus in Nieblum auf Föhr)
Karten: THAMM Publishing & Service, Bosau

Alle Angaben in diesem Reiseführer sind mit Sorgfalt zusammengestellt, jedoch ohne jegliche Gewähr.
Redaktionelle Angaben: Stand Mai 2009.
Wenn Sie Ergänzungs- und Berichtigungsvorschläge haben, schreiben Sie bitte an: Ellert & Richter Verlag, Große Brunnenstraße 116–120, 22763 Hamburg.